Sommaire

CI-CONTRE :
Les Persans sont passés maîtres de la calligraphie arabe. Dans les mosquées, les lettres sinueuses des versets du Coran s'entremêlent aux ramages des fleurs du jardin éternel, dans de sublimes mosaïques multicolores.

la Perse
des écrivains voyageurs

la Perse
des écrivains voyageurs

Texte
Frédéric Ramade

Photographies
Alexandre Bailhache

ÉDITIONS DU CHÊNE

بسم الله الرحمن الرحيم

Avant-propos
LA PERSE, UNE HISTOIRE VIEILLE DE TROIS MILLE ANS

« On me fit le visage avenant, la joue pleine,
Teint de tulipe et corps du cyprès de la plaine.
Qui me dira pourquoi, dans son vaste atelier,
Pour moi l'Éternel Peintre a pris autant de peine ? »

(Omar Khayâm, *Les Chants*)

Vaste pays de hauts plateaux situé aux confins de l'Orient, de l'Asie et de l'Arabie, la Perse a constitué de tout temps une terre de croisements et de convoitises, qui attira de nombreux voyageurs et fit l'objet d'incessantes invasions.

Comptant parmi les plus anciennes civilisations connues avec la Chine et l'Inde, ses origines remontent à 1500 avant Jésus-Christ, date à laquelle les premières tribus persophones, les Aryens, arrivèrent de l'Asie du sud-ouest sur le plateau. Jusqu'au VIe siècle, le pays fut soumis à la domination des Persans et des Mèdes, tout en subissant les assauts continuels des Assyriens. En 550, Cyrus le Grand unifia le royaume. Parmi ses illustres successeurs, qui allaient donner à la dynastie des Achéménides ses lettres de noblesse, Darius Ier, dit le Grand, fut sans doute celui qui étendit le plus loin les limites de l'empire qui courait alors des rives de la Méditerranée à celles du Gange. Mais ce vaste pays, difficilement contrôlable, devint rapidement la proie de puissances extérieures, notamment des Grecs, avec à leur tête Alexandre le Grand qui annexa la Perse en 331. Les dynasties qui suivirent, les Séleucides et les Parthes, introduisirent des ferments de la civilisation grecque, donnant naissance à une culture hybride.

Les invasions de tribus nomades, puis celles des Romains, nouvelle puissance dominante à l'ouest, ainsi que certaines dissensions survenues au sein du pouvoir, permirent à la dynastie suivante, les Sassanides, de prendre le contrôle de l'empire, de lui redonner sa superbe, et de reconquérir d'anciens territoires comme la Palestine et l'Égypte.

PAGE DE GAUCHE :
Le jardin persan est le théâtre de nombreuses scènes de contes dans les miniatures et sur les céramiques.

Après avoir défait les Achéménides, Alexandre le Grand, entra dans le panthéon des héros persans, comme en témoigne ce manuscrit persan de 1526, où il apparaît enturbanné.
Paris, Bibliothèque nationale.

Mais cette dernière dynastie allait à son tour plier devant une nouvelle puissance montante, celle des Arabes, lancés, sous l'étendard de l'Islam, dans une conquête géographique démesurée. Leur pénétration en Iran, quelques années après la mort du prophète Mahomet en 632 après Jésus-Christ, fut massive. L'alphabet arabe remplaça rapidement l'ancien alphabet araméen tandis que le zoroastrisme cédait le pas devant l'Islam. Malgré l'emprise de la culture arabe sur les Iraniens, la syntaxe indo-européenne de la langue persane fut conservée de même que de nombreux traits culturels. Parmi ces derniers il convient de remarquer que les Iraniens sont majoritairement chi'ites. Basé sur le même texte sacré, le Coran, le même prophète, et les mêmes obligations que l'Islam sunnite, le chi'isme en diffère par le fait qu'il ne reconnaît comme successeurs légitimes de Mahomet que douze imams désignés par Dieu, et dont le

CI-DESSOUS : La Perse connaît au XVIIe siècle une période faste, qui entraîne un renouveau très important des arts et de l'artisanat. Les miniatures soignées des peintres transmettent à l'Occident une certaine idée du luxe et du raffinement persans, et contribuent à l'enrichissement du mythe qui entoure le pays. Miniature persane du règne de Shâh Abbâs Ier, vers 1620.
Don du Comte of Powis.

dernier disparut en 874 de notre ère. Les chi'ites, outre un culte impressionnant des imams, contraire aux principes sunnites, vivent dans l'attente de la « parousie », le jour du jugement dernier où le dernier des douze imams reviendra sur terre pour les sauver.

Aux Arabes succédèrent les Seljukides, une tribu turcophone, venue du nord-est, au milieu de l'an mille. Elle céda à son tour la place, deux siècles plus tard, aux terribles Mongols de Gengis Khân qui détruisirent en grande partie tout le nord du pays. Incapable d'établir une dynastie durable, les descendants du grand khân s'inclinèrent également devant un nouveau despote, Tamerlan, dont l'empire, à la fin de son règne, s'étendait de l'actuelle Turquie à l'Inde. Cependant, la dynastie qu'il engendra, les Timourides, ne perdura pas plus d'un siècle.

En 1500, après huit cents ans de domination étrangère, un nouveau pouvoir d'origine persane se mit en place, celui des Safavides. Fondée par le Shâh Ismail, cette dynastie dura jusqu'en 1736 et redonna toute sa gloire à la Perse, et notamment à Ispahan, sa capitale de l'époque.

Les années qui suivirent furent de nouveau très troublées. Plusieurs dynasties, les Afshârs, les Zands, et les Qâdjârs, s'affrontèrent, avant que ces derniers ne stabilisent le pays vers la fin du XVIIIe siècle. Leur pouvoir, conforté par les pressions extérieures des grandes puissances étrangères, déclina progressivement et laissa la place à une dernière dynastie, celle des Pahlavi.

Fondée par Rezâ Khân, un petit officier presque illettré, sans aucune légitimité et arrivé au pouvoir à la tête d'une troupe de cosaques persans, cette dernière lignée tomba en 1979, sous une révolution au fondement populaire. Ce mouvement collectif, inattendu pour beaucoup, vit rapidement l'émergence d'un nouveau pouvoir, contrôlé par des religieux et soumis à la loi coranique, la République Islamique d'Iran.

La fascination de l'Occident pour un pays mystérieux

Tout au long de son histoire tumultueuse, la Perse sut aussi attirer de nombreux voyageurs aux buts plus pacifiques. Leurs motivations étaient en général commerciales, car les principales routes marchandes, comme celles de la soie ou des épices, transitèrent pendant des siècles par le pays. Mais l'attrait exercé par la Perse était aussi culturel. La puissance de l'empire et ses multiples apports extérieurs avaient permis l'essor de nombreuses pratiques artistiques, notamment celle de la poésie et de l'architecture.

Parmi les voyageurs ayant transité par l'Iran, le plus célèbre est sans doute Marco Polo, dont les voyages vers la Chine, furent relatés dans son *Livre des merveilles du monde* dès 1298. À partir du XVIe siècle et du renouveau de l'empire sous l'impulsion des Safavides, d'autres témoignages vont contribuer à étoffer le mythe de la Perse. Celui du chevalier Chardin, envoyé par le roi Louis XIV en émissaire auprès de Shâh Abbâs, est sans doute l'un des plus émouvants et des mieux documentés. Les traductions par le poète allemand Goethe des vers de Hâfez ont de leur côté sensibilisé progressivement l'Occident à la littérature persane.

Aux XVIIIe et XIXe siècles la Perse connaît un nouveau regain d'intérêt de la part des aventuriers européens. Son histoire très ancienne et ses coutumes fascinent et donnent même lieu à une mode persane dans les milieux mondains des grandes capitales occidentales. *Les Lettres persanes* de Montesquieu sont un des exemples les plus révélateurs des fantasmes de l'époque. Certains voyageurs, plus téméraires, prennent le soin de pousser très loin leurs explorations avant de les coucher par écrit, comme James Morier, l'auteur du facétieux *Hadji Bâbâ d'Ispahan*. Tout au long du XIXe siècle vont se succéder nombre d'explorateurs illustres, dont notamment les Dieulafoy, un couple d'archéologues français à qui l'on doit les impressionnantes fouilles du site de Suse et les merveilleuses collections du musée du Louvre. Mais il faut aussi citer le comte de Gobineau qui passa près de trois ans dans les contrées reculées de l'Asie centrale, ou encore le major Percy Sykes qui retranscrivit de façon assez fidèle les us et coutumes des Persans pendant les huit ans où il résida dans l'empire.

Au début du XXe siècle, l'ouverture progressive du pays sur l'extérieur, la décadence de la dynastie Qâdjâr, les enjeux géopolitiques dus à la situation géographique et à la découverte du pétrole en 1908 par les Anglais, complexifient un peu plus encore la situation du pays. Une première révolution, dite constitutionnelle, a lieu en 1906, laissant l'ébauche d'un parlement, contrôlé par les grandes familles et les mollahs. La Perse passe ensuite aux mains du nouveau despote Rezâ Shâh en 1921, et change de nom pour devenir l'Iran en 1935. Le nouveau pouvoir, en quête de légitimité, joue sur la fibre patriotique des Persans, et sur leurs lointains ancêtres, les Aryens, pour justifier de ce nouveau nom. Durant cette période mouvementée, les voyageurs occidentaux continuent de tenter la grande aventure sur les routes parfois peu sûres de l'empire, pour des motifs souvent très différents. Parmi tous ceux qui sillonnèrent les routes ces années-là, trois écrivains se distinguent, tant par la qualité littéraire de leurs écrits que par leur approche très personnelle du pays.

De la Perse à l'Iran, trois regards d'écrivain

Le premier d'entre eux est Pierre Loti, voyageur infatigable dont les romans ont retracé en grande partie les pérégrinations. Il arrive en Perse en 1900. Le pays est alors gouverné par l'un des derniers empereurs qâdjârs, Mozaffar od-Din Shâh, un roi faible se préoccupant plus de son harem, de sa passion pour la photographie et les voyages que pour les affaires de l'État. Il confie d'ailleurs une bonne partie de celles-ci en 1901 à un aventurier belge, Joseph Naus, qui tira de ses années au pouvoir un profit personnel conséquent et une très vive impopularité. Mais Loti ne se soucie guère de la politique durant son voyage. Il est venu en Iran pour agrément, afin de satisfaire sa curiosité pour le mythe persan et nourrir ses fantasmes d'esthète. Il tire de son voyage un récit intitulé *Vers Ispahan*, dans lequel il livre une vision romantique et nostalgique d'un pays encore préservé de la modernité.

Quelques années plus tard, en 1933, alors que le nouveau despote Rezâ Shâh s'est autosacré premier empereur de la dynastie Pahlavi, arrive en Perse un étonnant jeune homme, à peine âgé de vingt-huit ans, décidé à sillonner le pays ainsi que son voisin l'Afghanistan, afin d'y découvrir les racines historiques de l'architecture islamique et l'influence de la Perse pré-islamique dans cette évolution. Robert Byron, qui fut aussi un excellent peintre et photographe, allait signer avec ce voyage, un magnifique récit intitulé *La Route d'Oxiane*, où la quête des origines architecturales se confond avec une quête personnelle dans un style qui influença par la suite tout un courant du *travel-writing*.

Enfin, à quelques mois d'intervalles avec l'écrivain britannique, l'énigmatique Annemarie Schwarzenbach, dont l'approche de la Perse sera encore plus orientée vers une recherche intérieure, effectue son premier séjour dans l'empire des hauts plateaux. Fuyant sa famille et les soubresauts qui commencent à agiter l'Europe, l'écrivain suisse effectue plusieurs voyages dans le pays, et un long séjour dans la capitale, Téhéran. Elle en tire de nombreux articles, et un roman poignant intitulé *La Vallée heureuse*, où son désespoir trouve un écho démesuré dans la nature sauvage et grandiose du pays.

Lors du dernier voyage qu'Annemarie effectue en 1939, en compagnie de sa compatriote Ella Maillart, la Perse est devenue l'Iran. Une nouvelle page est tournée.

EN HAUT ET CI-DESSUS : Portrait d'un dignitaire qâdjâr sur une des céramiques du Tekkieh Khâneh de Kermânshâh. Au début du siècle, les maîtres céramistes et les peintres intègrent certaines innovations techniques comme la photographie.

Rare exemplaire luxueusement illustré des voyages du chevalier Chardin, au XVIIe siècle. Ses riches descriptions déclenchèrent de nombreuses vocations parmi les persophiles des siècles postérieurs. Téhéran, ambassade de France.

Pierre Loti
LES FASTES DÉCHUS DE LA PERSE SAFAVIDE

« Je vous assure que je ne sais pas moi-même où je m'en vais... Je mets le cap sur l'Orient et je marche devant moi, sans but précis, tant que ça me plaira, en Perse peut-être... À moins que ce ne soit ailleurs. »

Académicien au style précieux, Pierre Loti fut avant tout un marin et un grand voyageur. De retour d'une expédition en Inde, il décide de découvrir une Perse fascinante, encore repliée sur elle-même et très éloignée de la modernité, qui n'allait pas tarder à changer considérablement de visage quelques années plus tard. Nostalgique des charmes de la « renaissance » persane du XVIIe siècle, l'écrivain parcourt le pays à la recherche des fantômes du passé qu'il rencontre en partie à Ispahan, but annoncé de son voyage.

PAGE DE GAUCHE : L'atmosphère mystérieuse d'une maison de Busher, le port où Loti accoste avant de s'enfoncer dans les étendues montagneuses du pays.

Voyageur invétéré, à la fois marin et académicien, Pierre Loti est surtout connu pour les séjours qu'il effectua à Istanbul et le récit d'un amour malheureux qu'il en tira, *Aziyadé*. Personnage fantasque et esthète, appréciant les déguisements et la décoration, il incarne pour beaucoup cette France précieuse de la fin du XIXe siècle, dont les écrits paraissent maintenant un peu chargés et vieillots. Son œuvre, quelque peu tombée dans l'oubli, mérite, comme le dira Roland Barthes dans sa préface à *Aziyadé*, que l'on prenne le temps de l'apprivoiser afin d'y déceler ce « fragment du langage infini qui ne raconte rien mais où passe quelque chose d'inouï et de ténébreux... »

Loti, de son vrai nom, Julien Viaud, est né en 1850, à Rochefort en Charente-Maritime. Après avoir suivi les cours de l'École navale, il gravit peu à peu les échelons de la hiérarchie militaire. Cette progression s'accompagne de voyages vers des horizons lointains, Tahiti, Dakar et, en 1877, un premier séjour à Istanbul, où se situe l'idylle relatée dans *Aziyadé*. En 1880 paraissent ses premiers articles dans *Le Monde illustré* sous le pseudonyme de Pierre Loti, et l'année 1881 voit la publication de son premier roman, *Le Roman d'un spahi*. Pendant les deux décennies qui suivent, il effectue plusieurs séjours en Asie, au Vietnam, en Chine, au Japon, en Syrie, au Liban, puis de nouveau en Turquie. Pendant ce temps, il continue à publier articles et romans, une production littéraire qui lui vaut d'être élu à l'académie française, devenant ainsi le plus jeune académicien jamais admis sous la coupole. En 1900, il embarque pour l'Inde, où il doit décerner les Palmes académiques au maharadjah de Travancore. Il décide alors de visiter la Perse à son retour vers l'Europe, sans doute nourri par la lecture des récits de ses illustres prédécesseurs, Chardin et Gobineau. Des quelques mois qu'il passe à voyager en Inde, il tirera un récit très réaliste, intitulé *L'Inde (sans les Anglais)*. Il y exprime toute sa déception face à cette terre difficile où sévit la famine et où les racines de l'humanité, dont il espérait trouver quelques traces, lui semblent bien lointaines. Fuyant Bombay, où la peste fait des ravages, il regagne Calcutta et embarque bientôt pour la Perse.

Loti accoste les côtes persanes en avril après avoir longé pendant de longues journées l'impressionnante muraille qui isole les hauts plateaux iraniens du golfe Persique, « une sorte de muraille mondiale, tantôt bleue, tantôt rose, qui semblait nous suivre ». Parti du port de Marseille cinq mois auparavant, il a laissé derrière lui bien des tracas, notamment avec ses supérieurs hiérarchiques, et envisage ce voyage comme un séjour d'agrément avant de rejoindre la France. Dans un premier temps, l'accueil que lui réserve la Perse n'est guère plus chaleureux que celui de l'Inde. Les autorités locales, qui craignent les

CI-DESSUS :
« Une grande barque à voile, que nous avions frettée à Bandar-e Busher, vient de nous jeter ici, au seuil des solitudes, sur la rive brûlante de ce golfe Persique... »
(Pierre Loti, *Vers Ispahan*)

PAGE DE DROITE :
Après avoir longuement négocié son équipage, Loti se met en route à la faveur de la lune qui « surgit, énorme et rouge, révélant par une traînée sanglante, de l'eau, un coin du golfe Persique, et la découpe lointaine des montagnes que nous traverserons bientôt ».
(Pierre Loti, *Vers Ispahan*)

épidémies indiennes, les obligent, lui et son secrétaire, à rester pendant six jours en quarantaine, « seuls sur un îlot de marécage, où une barque nous apportait chaque soir de quoi ne pas mourir de faim ». Peut-être ce séjour éprouvant durant lequel les deux hommes souffrent de la chaleur et de l'humidité sera-t-il en partie responsable du jugement sans appel que Loti profère à l'encontre de Bandar-e Busher, le port où il accoste. Quelque temps plus tôt, certains de ses prédécesseurs s'étaient montrés plus curieux. Le major Sykes notait ainsi que « la ville elle-même, comme ses habitants, est à moitié persane, à moitié arabe de caractère, et a progressivement pris de l'importance au fur et à mesure que Bandar Abbas devenait moins sécure en tant qu'entrepôt commercial », tandis que l'archéologue Jane Dieulafoy s'attardait de son côté sur les particularités architecturales de la ville : « Les habitants renoncent donc à occuper le rez-de-chaussée de leur maison et s'en servent comme de caves destinées à supporter les chambres et les talars. Ces dernières pièces, éclairées par une multitude de portes-fenêtres, se dégagent sur la terrasse qui recouvre le soubassement. Grâce à la multiplicité des baies, il suffit d'ouvrir les fenêtres orientées à la brise pour modérer l'intensité d'une chaleur d'autant plus insupportable qu'elle est plus humide et plus lourde. » Loti délaisse donc rapidement Busher et ses hauts murs, après y avoir fait quelques achats, pour rejoindre le point de départ des caravanes, situé loin de la ville et des marécages qui entouraient le port à l'époque. À cette fin, il reprend une embarcation qui le dépose cette fois sur la côte stérile et dénudée où se forment les lentes processions de mules et de chameaux, alors que se profile en arrière-plan la barrière rocheuse qui marque le début du plateau iranien.

Premières rencontres

« ... En désordre par terre, notre déballage de nomades s'étale, mouillé d'embruns et piteux à voir, au crépuscule. »

Loti fait d'emblée l'expérience de deux des traits majeurs du voyage en Perse, la patience, dont il doit s'armer pour négocier son équipage, et la solitude, qui ne tarde pas à l'envahir lorsqu'il se met en route à travers les étendues sauvages qui le séparent du plateau. Il témoigne aussi de la fascination qu'exerceront les Persans sur lui tout au long de son voyage, et aussi de l'impossibilité dans laquelle il se trouvera de tisser des liens avec les habitants comme il avait pu le faire à Istanbul. La description qu'il livre des trois soldats qui vont l'accompagner en ce début de voyage est à ce titre révélatrice : « à la lueur de deux petites lanternes [...] hauts bonnets noirs sur de fins visages ; longs cheveux et longues moustaches, grandes robes serrées à la taille, et mancherons qui pendent comme des ailes... »

De son premier trajet nocturne, le soleil étant trop éprouvant le jour pour se déplacer, l'écrivain nous livre un tableau en grisaille et silhouettes noires, où résonnent les clochettes des mules et des chameaux des caravanes voisines. Une vision fantastique, parfois inquiétante, que favorise sans doute l'extrême

fatigue dans laquelle il se trouve. Parvenu devant les murs d'un fortin, il sombre sans plus attendre dans le sommeil, sur son lit de campagne dressé par un de ses serviteurs, sous un abri baigné par les rayons de la lune. Bien que d'un tempérament aventureux, comme il aime lui-même à se décrire, Loti ne se départit pas d'un certain luxe, coutumier des voyageurs de l'époque. Il n'a pas trop des six à sept mules que l'on aperçoit sur les photographies qu'il ramène de son voyage, pour transporter ses bagages. D'autant que ceux-ci augmentent à chacune des étapes de son périple, Loti nourrissant une véritable passion pour les objets et principalement les antiquités.

Le lendemain de son arrivée en terre persane, l'écrivain est réveillé par un soleil mordant, au pied du petit village fortifié où il a dormi. Il s'empresse aussitôt de louer une maison afin d'attendre la nuit pour reprendre la route. Cette première journée de voyage s'écoule lentement, comme figée dans la chaleur difficilement soutenable qui règne, et c'est avec soulagement et impatience qu'il se remet en route vers huit heures du soir. Le paysage lui semble alors encore plus inhospitalier et aride que celui de la veille. Seules quelques plantations de dattiers et des oasis isolées viennent troubler la solitude du groupe qui avance péniblement dans la vaste étendue désolée vers la barrière rocheuse qui encombre l'horizon. Celle-ci paraît ne jamais vouloir se rapprocher et l'on sent un certain découragement filtrer entre les lignes de l'auteur. La marche est difficile, le terrain est hérissé de rochers et sillonné d'anfractuosités, les mules trébuchent.

« ...Bonnets noirs et barbes noires ; sombres figures assyriennes, hâlées par le vent des montagnes ; longues robes bleues, retenues aux reins par une ceinture de cartouches. Ils sentent la bête fauve et la menthe du désert. Pour s'asseoir ou s'étendre, ils ont de merveilleux tapis, qui étaient pliés sous la selle de leurs chevaux... »
(Pierre Loti, *Vers Ispahan*)

Une progression difficile

« ... Muraille d'un brun noir, effroyable sous la lune qui en découpe avec netteté les replis, les trous, les cavernes desséchées. »

Vers minuit, la montagne tant attendue se présente enfin devant l'écrivain mais il se contente cette nuit-là de la longer pendant plusieurs heures. La chaleur, mêlée aux émanations de

soufre, est encore plus insupportable. Loti regrette déjà la fraîcheur de l'oasis quittée quelques heures plus tôt, et livre une description terrifiante et quelque peu exagérée du paysage dans lequel il évolue : « Les roches mortes nous envoient une lourde chaleur qu'elles ont gardée de l'implacable soleil du jour, ou de quelque feu central car elles sentent le soufre, la fournaise et l'enfer, montagnes dantesques. » À travers les défilés rocheux qu'il emprunte bientôt, la progression du groupe est de plus en plus pénible. Avec la fatigue, omniprésente en ce début de voyage, la pénombre leur joue des tours : « Nous rêvons de l'oasis et du village de Dalaki où finiront nos peines. Cent fois

nos yeux alourdis de sommeil ont cru voir un mirage, des maisons, des arbres, mais c'étaient des rochers et les maigres broussailles. » Le modeste caravansérail, que Loti découvre une fois arrivé à destination et n'aurait pas manqué de critiquer en d'autres occasions, lui semble alors être une merveille.

Le jour suivant, l'écrivain se réveille avec un certain apaisement. Avec l'altitude, le climat se fait légèrement plus paisible et lui semble enfermer la promesse de quelque douceur. Mais son répit et ses espoirs de réconfort seront de courte durée. Après la journée de repos passée dans le caravansérail animé de Dalaki, il lui faut à nouveau s'enfoncer dans les gorges profondes et soufrées qui lui permettront de gagner peu à peu le plateau. L'atmosphère est cette fois angoissante. La montagne apparaît comme démesurée, et détentrice de quelque mystère enfoui. Les notes tirées de ses carnets, plus proches de la situation dans laquelle il se trouve que le récit *Vers Ispahan* qu'il réécrira plus tard, nous permettent de nous faire une idée de l'atmosphère inquiète dans laquelle s'effectue l'ascension du groupe : « De temps à autre, on s'appelle, on se compte, mes soldats et nous ; on se serre et on souffle – on entend parfois dans les gorges, derrière les eaux souterraines, gronder des torrents, tomber des cascades. » Après plusieurs heures d'une

CI-DESSUS :
Aujourd'hui encore, à l'exception des quelques routes qui sillonnent la plaine, il est quasiment impossible de s'aventurer à travers les anciens fonds marins aux dévers retors, qui séparent le littoral du plateau.

DOUBLE PAGE SUIVANTE :
Un des nombreux ponts datant de l'époque de Shâh Abbâs qui franchissent les torrents, allant se jeter dans le littoral en contrebas.

marche éreintante et périlleuse, le passage dans lequel Loti s'est engagé se ferme progressivement. Face à lui se dresse maintenant une paroi rocheuse verticale, d'une hauteur de trois à quatre cents mètres, et dans laquelle il ne distingue aucune issue. Pourtant, ses guides sont formels, leur chemin passe par ce mur. En observant plus attentivement la muraille, il distingue bientôt l'étroit passage par lequel ils vont parvenir à franchir cet obstacle. L'aberration de leur entreprise ne lui semble que plus grande. Malgré ses doutes, il se retrouve bientôt plaqué sur la paroi vertigineuse, progressant lentement dans une pénombre inquiétante où les cailloux roulent sous les sabots des chevaux. Au bout de deux heures d'angoisse épuisante, il parvient enfin à se hisser sur une « plaine suspendue à mille ou douze cents mètres d'altitude », où s'étalent « la campagne fleurie, les champs de blé, les foins qui sentent bon ». Le village de Konor-e Takhteh, qui lui sert de gîte après cette épreuve, lui permet d'oublier ses frayeurs. Il se réconforte en écoutant le chant des hirondelles qui annoncent le printemps, et en observant les lauriers-roses et les grenadiers en fleurs qui préfigurent les jardins à venir.

Les nomades du Fârs

« C'est notre première rencontre avec ces nomades qui vivent par milliers au sud de la Perse... »

Le lendemain, alors qu'il s'achemine vers une nouvelle muraille montagneuse, plus redoutable encore que celle de la veille, Loti fait la découverte des nomades, nombreux dans cette région, qu'il dépeint comme « insoumis et pillards, rançonnant à main armée les villages sédentaires, assiégeant parfois les villes fortes ». Une vision quelque peu caricaturale, même si elle n'est pas dénuée de fondements. Les nomades ont en effet toujours constitué des poches de résistance face au pouvoir central des shâhs d'Iran. Ces derniers, comme Nâsr-od Din Shâh qui régna de 1848 à 1896, ont d'ailleurs souvent contraint certaines de ces tribus, farouches et peu religieuses de surcroît, à des déplacements géographiques importants afin de réduire leur pouvoir.

Compte tenu de l'endroit où se situe la rencontre, Loti a certainement affaire à une tribu Qashqâi. Ceux-ci ont l'habitude d'établir leurs quartiers d'hiver en contrebas du plateau, à proximité de la ville de Borazdjân. L'été, leurs migrations les entraînent sur l'ensemble de la province du Fârs qui entoure Shirâz. Tandis que Loti, sensiblement oppressé par le paysage et l'omniprésence des montagnes, ne voit dans ces nomades rien de plus que de pauvres pasteurs vivant dans des habitats sommaires, Jane Dieulafoy se montre un peu plus curieuse, nous livrant une description détaillée du tissage des tapis, une activité réservée aux femmes des tribus qui « travaillent sans modèles et sans autre guide que la tradition. [...] Chacune d'elles sait exécuter quelques dessins peu variés dont le secret se transmet de mère en fille avec les procédés de teintures végétales. [...] Les couleurs données aux laines qui sèchent autour des tentes sont d'une extrême solidité : exposées tour à tour au soleil et à la pluie, elles se fanent même si peu que les tapis, après avoir servi à deux ou trois générations et enveloppé les corps des morts que, de toute la Perse, on envoie à Kerbala, nous arrivent beaux, si ce n'est propres, et excitent notre admiration... » L'activité de tissage est encore de nos jours une des principales ressources de ces tribus, désormais paisibles, qui continuent de sillonner les plateaux.

La caravane de l'écrivain laisse les nomades derrière elle pour emprunter les lacets du chemin qui longe la rivière Shâhpur et se situe en contrebas de la route actuelle. Puis, elle doit de nouveau affronter une muraille vertigineuse avant de rejoindre l'étape suivante, Konoridjeh. Celle-ci réserve à Loti une agréable surprise et le réconcilie avec cette Perse encore insaisissable qui nourrit ses fantasmes. Ce village « enchanté » vient satisfaire son penchant pour la nostalgie et son goût pour les civilisations épargnées par la modernité : « Je ne sais dire quel

CI-CONTRE ET PAGES SUIVANTES : « Chaque année, en avril, s'opère une immense migration de toutes les tribus errantes, vers les hauts plateaux herbeux du nord, et, en automne, elles redescendent dans les parages du golfe Persique. » (Pierre Loti, *Vers Ispahan*).
Les nomades Qashqâis sont encore nombreux et continuent à vivre de l'élevage et du tissage de leurs magnifiques tapis et kilims.

Jalousement cachées derrière de hauts murs et de lourdes portes, les grandes demeures persanes regorgent de riches ornementations évoquant les motifs floraux des tapis et des jardins qui ont fait la réputation de Shirâz.

charme d'Orient et de passé enveloppe ce petit pays très isolé sur terre et empli de vieilles musiques naïves, à cette heure de minuit où nous venons le surprendre sous ses hauts palmiers. [...] La vie est ici comme au temps passé. Il a gardé une immobilité heureuse, ce petit pays perdu, que protègent d'abord les brûlants déserts, ensuite deux ou trois étages de précipices et de farouches montagnes. Oh ! le repos de cela ! Et le contraste, après l'Inde que nous venons de quitter, après la pauvre Inde profanée et pillée, en grande exploitation manufacturière, où déjà sévit l'affreuse contagion des usines et des ferrailles, où déjà le peuple des villes s'empresse et souffre, à coup de coups de fouet de ces agités messieurs d'Occident, qui portent casque de liège et complet couleur kaki ! »

Les jours suivants, l'écrivain traverse de nouveaux plateaux, où l'accueillent parfois un air frais et des champs couverts de trèfle qui ne sont pas sans lui rappeler la lointaine Europe. Il découvre de nombreux villages, comme celui de Kâzerun, où les jardins de fleurs et d'orangers lui font oublier l'inconfort de sa chambre, ou encore Myan Kotal, dont l'emplacement sur un rocher escarpé lui donne presque le vertige. Puis il croise à nouveau des tribus nomades qui l'aident à remettre sur pied l'une de ses mules et pour lesquels il a, cette fois, un peu plus d'estime. Enfin, au terme du septième jour de ce premier voyage exténuant qui lui aura parfois fait craindre le pire, Loti atteint la plaine si convoitée de Shirâz.

Shirâz, ville des jardins

« ... Le pays de Sa'adi, le pays des roses... L'herbe y est épaisse et semée de fleurs ; les peupliers par groupes y simulent des charmilles, d'un vert doux et profond... »

Cependant, arrivé à la nuit tombée dans les faubourgs de Shirâz, Loti doit se contenter d'un caravansérail misérable et patienter encore un peu avant de découvrir les splendeurs de la ville. Celle-ci ne compte à l'époque aucun hôtel ou pension, et l'écrivain compte faire valoir dès le lendemain une lettre de recommandation adressée au prévôt des marchands, afin de louer un logement.

Le matin suivant, la rencontre avec le prévôt a lieu au caravansérail. La conversation se déroule en turc, une langue que l'écrivain connaît bien et que parlent bon nombre de dignitaires persans, eux-mêmes d'origine turque. Au terme de cet échange, Loti se voit octroyer une des maisons appartenant au prévôt. Après avoir congédié son équipage et trouvé des porteurs, il doit encore patienter une bonne partie de l'après-midi avant d'obtenir la clé de son futur logis. Vers seize heures, celle-ci lui parvient et il peut enfin s'enfoncer dans les ruelles obscures de la ville, dont il ne voit rien d'autre que les façades aveugles des murs protégeant les maisons et leurs jardins.

« En pénombre plus épaisse, on s'est arrêté devant une vieille porte cloutée de fer, avec un frappoir énorme : c'était ma demeure. D'abord un couloir sombre, un corps de logis poudreux et croulant ; ensuite la surprise d'une cour ensoleillée, avec de beaux orangers en fleurs autour d'une piscine d'eau courante ; et au fond, la maisonnette, à deux étages, toute neuve en effet et toute blanche, où me voici enfermé, – pour un temps que j'ignore, – car il est plus facile d'entrer à Shirâz que d'en sortir : c'est un dicton persan. » La maison manque un peu de charme au goût de l'écrivain, mais lui offre au moins un peu de confort et de tranquillité. Seul le silence absolu qui règne sur la ville, un silence dont Loti a pourtant fait l'expérience dans d'autres pays musulmans, lui semble pesant.

Mais la mélancolie, si souvent présente chez Loti, ne s'installe jamais véritablement, et l'on retrouve notre voyageur très affairé le lendemain dans les ruelles de la ville, en quête de tapis et de coussins à même d'agrémenter son austère logis, et de compléter, à son retour, l'ameublement des pièces d'influence orientale qu'il a imaginées pour sa maison de Rochefort. Après avoir emprunté des passages encombrés de passants, où les femmes, qui disparaissent derrière les hauts murs aveugles, enveloppées dans leur tchador, frappent son imagination, il pénètre dans le grand bazar. « Cela commence par des rues étroites, tortueuses, obscures, où, devant les mille petites échoppes, il faut se défier des trous et des cloaques. Ensuite viennent de vastes avenues droites, régulières, voûtées de coupoles rondes qui se succèdent en séries sans fin, et là, pour la première fois, on se dit que c'est vraiment une grande ville. [...] Le long de ces avenues, les marchands sont réunis par groupes de même métier, ainsi que le veut l'usage oriental. [...] Dans la rue, plus en pénombre, des marteleurs de cuivre, où l'on entend le bruit incessant des marteaux, nous nous sommes ensuite arrêtés pour acheter des buires à notre usage, des buires ici très communes, mais d'une grâce incomparable, d'une forme inventée dans les temps très anciens et jamais changée. On vendait aussi partout des paquets de ces roses roses que l'on appelle chez nous "roses de tous les mois", et des branches d'oranger. »

Après avoir fait quelques achats, et exploré de nombreux recoins du bazar, Loti débouche sur une place découverte et ensoleillée au fond de laquelle se dresse, pour sa plus grande joie, une petite mosquée à portique rose. Ne pouvant, en tant qu'infidèle, y pénétrer, il se contente de l'observer depuis les banquettes d'une maison de thé ombragée où il fume un *qaliân*, une pipe à eau. L'atmosphère est sereine, les gens qui l'observent sont bienveillants, et l'écrivain peut enfin se laisser

PAGE PRÉCÉDENTE : Le thé est la première boisson du pays. Préparé à la russe avec un samovar, il est servi dans de petits verres, accompagné de fruits ou de pâtisseries en signe de bienvenue, lors des visites privées.

aller au charme paisible de cette Perse mythique l'ayant déjà beaucoup éprouvé.

Mais, de retour dans sa maison, le plaisir procuré par la décoration des lieux ne masque pas longtemps l'inquiétude qui point avec la nuit et le silence. La solitude lui semble immense. La Perse de cette époque et, à bien des égards encore, l'Iran d'aujourd'hui, particulièrement dans les villes de province comme Shirâz, livre difficilement son intimité. La vie se passe derrière les hauts murs des maisons, où se réunissent proches et familles. L'extérieur est réservé aux contingences pratiques, aux affaires, aux déplacements... et l'on comprend facilement le dépit ressenti par notre voyageur. Alors que la Perse délicate de ses rêves est maintenant si proche, elle lui paraît encore plus inaccessible.

« ... Voici que l'on commence d'entendre aussi de tous côtés les sonnailles des mules, qui se hâtent vers le caravansérail, et le beuglement à bouche fermée des muletiers, qui arrivent vaillants et allègres... » (Pierre Loti, *Vers Ispahan*) **Les caravansérails ne sont malheureusement pratiquement plus utilisés aujourd'hui et tombent pour la plupart en ruine.**

Heureusement, la journée du lendemain lui apporte un peu de réconfort. Une visite est prévue chez Hadji Abbâs, le prévôt des marchands, qui lui dévoile enfin une petite partie de cette vie persane incarnant à ses yeux le mythe de l'Orient le plus raffiné. Passé l'habituelle porte austère qui donne sur l'extérieur, il pénètre dans un jardin de roses, sur lequel s'ouvre une maison traditionnelle. Le salon où il est reçu le comble : « Plafond en arabesques bleu et or, avec des branches de roses aux nuances effacées par les ans ; murs extrêmement travaillés, divisés en petites facettes, creusés en petites grottes avec des retombées de stalactites, tout cela devenu d'une couleur de vieille ivoire, que rehaussent des filets d'or terni ; par terre, des coussins et d'épais tapis merveilleux. Et les fenêtres découpées donnent sur les roses du jardin très caché et sans vue, où le jet d'eau mène son bruit tranquille. »

Après cette première découverte, Loti a la chance d'être convié par d'autres notables dont les maisons égalent ou surpassent en beauté celle de Hadji Abbâs. Cependant, malgré la magnificence des ornementations, l'écrivain n'arrive pas à se départir du sentiment d'enfermement qu'il éprouve depuis son arrivée, et regrette amèrement, une fois de plus, l'absence des femmes, qui ne font que se dérober derrière leurs fantomatiques tchadors noirs.

Mystérieuses mosquées

« Je n'ai aucun espoir d'y entrer ; mais au moins je voudrais, du dehors, voir les portiques, les belles ogives et les précieuses faïences. »

Ces contrariétés ne l'empêchent pas de se mettre rapidement en quête des fameuses mosquées de Shirâz susceptibles de lui offrir une compensation esthétique. Seulement, la ville ne bénéficie à l'époque d'aucune indication ou de plan permettant au voyageur de se repérer dans son dédale, et Loti erre de ruelle en ruelle sans parvenir à ses fins : « Je sais qu'elles existent ces mosquées, qu'il en est même de célèbres ; et l'on dirait vraiment qu'elles nous fuient ou qu'il y a des ensorcellements dans leurs entours. Parfois, regardant en l'air, on aperçoit, par quelque trou dans la voûte des rues, un admirable dôme vert et bleu, là tout près, qui monte et brille dans le ciel pur. Alors on se précipite par un couloir d'ombre qui semble y conduire : il est muré ce couloir ; ou bien il finit en amas de terre éboulée. On revient sur ses pas, on en prend un autre : il vous éloigne ou vous égare. » Fatigué des secrets de la ville et de ses trésors invisibles, Loti décide de regagner la maison de thé qu'il a découverte la veille, où il peut au moins fumer et passer le temps, à l'air libre, en observant le jour qui décline. Là, il lie conversation avec un de ses voisins qui lui promet de l'emmener sur les toits d'où il aura une vue générale d'ensemble sur la ville et les coupoles des mosquées. Le jour suivant est un vendredi, jour chômé dans l'Islam.

CI-CONTRE :
Bazar de Shirâz, aile des tapis. « Ensuite viennent de vastes avenues droites, régulières, voûtées de coupoles rondes qui se succèdent en séries sans fin [...] les marchands sont réunis par groupes de même métier, ainsi que le veut l'usage oriental. » (Pierre Loti, *Vers Ispahan*)

PAGES SUIVANTES :
Les ruelles très resserrées des vieux quartiers de Shirâz constituent un véritable dédale. Les premières tentatives de l'écrivain pour accéder aux fameuses mosquées de la ville se soldent par des échecs.

Les Persans se rendent à la campagne, ou plus précisément dans les jardins clos, situés à l'extérieur de la ville et appartenant aux plus riches d'entre eux. Loti, qui a décidé de suivre le mouvement et ne possède aucune relation, doit se contenter d'observer le spectacle de loin.

De retour dans sa maison, l'écrivain, que l'idée de découvrir une Persane dans son intimité obsède, est prévenu par l'un de ses serviteurs qu'une voisine est venue récupérer une paire de bas qu'elle avait mise à sécher sur le toit. L'excitation est à son comble, et notre écrivain se précipite vers son poste d'observation. De dos, la femme ne lui semble guère convaincante. Lorsqu'elle se retourne, la déception est encore plus grande ; il s'agit simplement d'une vieille servante septuagénaire et édentée. Durant la suite de son séjour, l'écrivain s'occupe de son prochain départ pour Ispahan, but principal de son voyage. Il négocie son futur équipage, congédie l'un de ses domestiques et revend quelques-uns des objets qu'il avait achetés à Busher, afin de s'alléger.

Il profite aussi de son contact shirâzi pour se rendre sur les toits où il retrouve le ciel bleu immaculé qui lui fait tant défaut dans les ruelles couvertes. Les dômes des mosquées sont au rendez-vous, dardant leurs émaux multicolores sous un soleil de plomb, et Loti s'achemine vers l'un d'entre eux en passant sur les toits du bazar des marteleurs. « Vue de près elle n'est plus qu'une ruine, la belle mosquée sainte devant laquelle nous voici arrivés ; sous son étourdissant luxe d'émail, elle croule, elle s'en va. [...] Aux différents bleus qui dominent dans son revêtement de faïence, un peu de jaune, un peu de vert se mêlent, juste assez pour produire de loin une teinte générale de vieille turquoise. Quelques branches d'iris et quelques branches de roses éclatent aussi, çà et là, dans cet ensemble ; les maîtres émailleurs les ont jetées, comme par hasard, au travers des grandes inscriptions religieuses, en lettres blanches sur fond bleu de roi, qui encadrent les portes et courent tout le long des frises. »

Le lendemain de cette découverte heureuse, il part en excursion vers les mausolées des poètes Sa'adi et Hâfez. Au début du siècle, les deux tombes étaient situées dans de ravissants jardins à l'extérieur de la ville. Elles furent malheureusement détruites et reconstruites dans les années quarante. Nous ne pouvons donc plus, comme Loti, admirer la dernière demeure de Hâfez, « la tombe en agate gravée, au milieu d'un grand enclos exquis, où nous trouvons des allées d'orangers en fleurs, des plates-bandes de roses, des bassins et de frais jets d'eau. [...] Et ce jardin, d'abord réservé à lui seul, est devenu un idéal cimetière. [...] Il y a aussi dans le jardin, des kiosques à coupole, pour prier ou rêver. [...] On entretient là, dans une quantité de vases, d'éternels bouquets, et, ce matin, de pieux personnages sont occupés à les renouveler : des roses, des gueules-de-lion, des lys, toutes les fleurs d'autrefois... » Néanmoins, l'admiration pour le maître de la poésie persane, qui naquit en 1324 à Shirâz et enchanta par ses vers jusqu'au terrible Tamerlan, reste intacte. La plupart des Iraniens connaissent quelques-uns de ses poèmes par cœur, qu'ils n'hésiteront pas à déclamer lorsque l'occasion se présente. La renommée des poèmes de Hâfez est devenue telle au cours des siècles, que son *divân*, le recueil de l'intégralité de l'œuvre qui lui est attribuée, sert de livre divinatoire. Pour pratiquer cette lecture inhabituelle d'un ouvrage de poésie, on pose tout d'abord une question sur l'avenir. Puis l'on choisit, au hasard un passage d'un poème qui sera interprété par celui qui fait la lecture. Les vers de Hâfez possèdent en effet de nombreuses significations, compte tenu de leur construction et du sens multiple des mots employés, et sont donc tout à fait propices à l'interprétation. Ceux qui ne possèdent pas de *divân* pourront, de leur côté, recourir aux marchands ambulants. Ces derniers enferment certains des poèmes dans de petites enveloppes et les font choisir aux passants par un oiseau apprivoisé qui en tire une à l'aide de son bec.

Au mausolée de Sa'adi, à qui l'on doit le magnifique *Golestân*, Loti se désole du sort réservé aux poètes et à la poésie en Occident : « Patrie enviable pour les poètes, cette Perse où rien ne change, ni les formes de la pensée ni le langage, et où rien ne s'oublie ! Chez nous, à part des lettrés, qui se souvient de nos trouvères, contemporains de Sa'adi ; qui se souvient seulement de notre merveilleux Ronsard ? »

DOUBLE PAGE PRÉCÉDENTE : La technique utilisée pour les céramiques de la mosquée Vakil est en partie celle du *haft rangi*, tout à fait typique de Shirâz. Elle repose sur l'emploi et la cuisson séparée de sept couleurs, permettant une variété de coloris inégalée.

CI-DESSOUS ET CI-CONTRE : Ceux qui n'ont pas la chance de posséder un des somptueux exemplaires enluminés de poésie persane classique peuvent toujours recourir aux petits marchands ambulants et à leurs oiseaux pour lire l'avenir dans des poèmes.

Une féerie de couleurs

« Des lignes architecturales d'une austérité et d'un calme absolus, mais partout un luxe fou d'émail bleu et d'émail rose, pas une parcelle de mur qui ne soit minutieusement émaillée... »
De retour en ville, Loti découvre l'aile des selliers du bazar, qui fait partie de l'ensemble construit sur ordre de Karim Khân, l'empereur qui donna à Shirâz ses lettres de noblesse en la choisissant pour capitale au XVIIIe siècle. La longue voûte, parfois surmontée d'une coupole d'où descend un rayon de soleil, le ravit et emporte sa préférence sur les autres quartiers.
Après ce début de journée déjà rempli, il a la joie d'apprendre qu'il est admis à pénétrer dans la cour de la mosquée de Karim Khân. Les interdits tombent peu à peu et Loti comprend que le temps et la patience peuvent beaucoup dans ce pays subtil. Il ajoute même un peu fanfaron : « [...] Si je restais, sans doute finirais-je par visiter les lieux les plus défendus, tant les gens me semblent ici aimables et débonnaires. » La mosquée Vakil, son nom actuel, fut achevée en 1773, et sa construction est si remarquable qu'elle résista à deux violents tremblements de terre. Au début de ce siècle, son portique, qui a subi depuis quelques restaurations, est très endommagé, mais les mosaïques, que Loti trouve à l'intérieur de la cour sereine où il avance ému, l'éblouissent par le raffinement de leurs dessins et la fraîcheur de leurs couleurs.
L'écrivain, qui goûte enfin le fruit interdit des splendeurs de l'Islam, nous livre une description rapide où il est plus impressionné par les atours décoratifs du lieu que par sa structure architecturale. À l'instar de cette mosquée qui s'est laissée apprivoiser, Loti se laisse à son tour séduire par la ville et note : « [...] Je commence à prendre mes habitudes dans cette ville,

à sortir seul, à me reconnaître dans le dédale des ruelles sombres. Là-bas, sur la place, entre la mosquée rose et les remparts croulants, au petit café où je me rends chaque soir, on me reçoit en familier ; on m'apporte mon *qalïan*, après avoir mis dans la carafe, pour en parfumer l'eau claire, des fleurs d'orangers et deux ou trois roses rouges. »

Le 1er mai, Loti est enfin reçu par le vizir de Shirâz dont il attend des autorisations, des lettres de recommandation et une escorte, éléments indispensables au bon déroulement de son voyage vers Ispahan. Le départ semble pouvoir s'organiser pour le lendemain et notre voyageur décide de fuir l'isolement de sa retraite pour se rendre une dernière fois, de nuit, à la petite maison de thé où il a ses habitudes. Seulement, nous sommes au début du Moharram, une période sacrée pour les musulmans chi'ites pendant laquelle on commémore la mort de l'imam Hossein, l'un des principaux saints et martyrs de l'Islam iranien, tué en 680 de l'ère chrétienne à Kerbala par les califes sunnites. Pendant ce mois de deuil, actuellement encore très suivi par les Iraniens, de nombreux rassemblements ont lieu afin de pleurer la disparition du saint, et de se frapper la poitrine, une façon de ressentir physiquement la douleur de l'atrocité commise. Le point culminant des manifestations est le défilé d'Âshurâ Tâssuâ, où les plus fanatiques des fidèles allaient auparavant jusqu'à s'ouvrir le crâne avec de grands couteaux afin de maculer de sang leur visage et leur tunique blanche. Loti rencontre donc un accueil plutôt froid dans son établissement préféré. La clientèle, ce soir-là, ne fume ni ne boit. Tous les yeux sont rivés sur un vieux derviche qui conte, en le mimant, le martyr de l'imam disparu, et l'on ne tarde pas à faire comprendre à l'intrus qu'il est de trop.

Sur les traces de Darius

« Nous arrivons maintenant à des escaliers en pierre dure et luisante, assez larges pour faire passer de front toute une armée. »

Le lendemain, vers la fin du jour, Loti quitte la ville. Avant de laisser à jamais Shirâz derrière lui, il l'observe une dernière fois avec une pointe de regret depuis la route en surplomb qui part de la Porte du Coran vers Ispahan. Après une nuit passée à Zargoun, Loti et son équipage adoptent une nouvelle façon de voyager. Les températures étant plus supportables, ils peuvent

« Des hommes, qui ont jeté leur bonnet, se sont fait au milieu de la chevelure des entailles saignantes... » (Pierre Loti, *Vers Ispahan*) **Aujourd'hui disparue, cette coutume, qui se déroulait pendant le défilé de Âshurâ Tâssuâ, figure sur de nombreux documents anciens, comme sur ces céramiques du Tekkieh Khâneh de Kermânshâh. Les processions ont en revanche toujours lieu, et les hommes s'y flagellent à l'aide de petites chaînes.**

PAGE DE GAUCHE ET CI-DESSOUS, À DROITE : **Vues générales de Persépolis. « C'est une esplanade assez étendue pour supporter une ville, et sur laquelle, en son temps, les grandes colonnes monolithes étaient multipliées comme les arbres d'une forêt. »** (Pierre Loti, *Vers Ispahan*)

désormais cheminer de bon matin, puis marquer une pause à midi, avant de reprendre la route vers la fin de l'après-midi. La première étape est courte car après quatre heures de route à travers des champs de pavots blancs, la petite troupe arrive en vue du site de Persépolis, où elle séjourne deux jours durant dans un caravansérail au confort plus que sommaire. Et c'est sous la lumière adoucie de la fin de l'après-midi que Loti se rend vers les ruines sacrées qu'il considère comme un des joyaux de l'humanité.

À mesure qu'il approche, il est frappé par la taille monumentale des bâtiments se détachant à peine des montagnes qui leur servent de cadre naturel : « Maintenant qu'il est près de nous, ce semblant de village mort, au pied de sa montagne morte, il ne laisse plus de doutes sur ses proportions colossales ; ses terrasses, qui dépassent cinq ou six fois la hauteur coutumière, au lieu d'être, comme partout ailleurs, en terre haute que les pluies ne tarderont pas à détruire, sont faites en blocs cyclopéens, d'une durée éternelle ; et ces longues choses, qui de loin nous faisaient l'effet de mâts de navire, sont des colonnes monolithes, étonnamment sveltes et hardies, – qui devaient supporter jadis les plafonds de bois de cèdre, la charpente des prodigieux palais. » Loti, qui se considère avec beaucoup de fausse modestie comme un simple passant, donne peu de détails historiques sur le lieu, insistant sur le fait que les historiens de son époque ne réussissaient pas à s'accorder sur l'histoire véritable du palais. Au début du siècle, Persépolis est laissé à l'abandon. Les Français, qui bénéficient pourtant du monopole des fouilles sur le territoire persan, ont préféré jusqu'alors concentrer leurs efforts, sous l'impulsion des archéologues Jane et Marcel Dieulafoy, sur les ruines de Suse. Des efforts qui nous valent aujourd'hui de pouvoir contempler les merveilles achéménides conservées au musée du Louvre. Les découvertes faites

CI-DESSUS, À GAUCHE : **Célèbre voyageur, Chardin avait, outre ses qualités de conteur, quelques talents pour le dessin et effectua des relevés du site de Persépolis au XVIIe siècle.**

DOUBLE PAGE PRÉCÉDENTE : Détail du grand escalier de l'Apadana, avec ses bas-reliefs représentant les peuples assujettis au grand empereur Darius.

CI-DESSOUS : Située en haut du monumental escalier qui menait à la ville, la Porte des Nations, gardée à l'est et à l'ouest par ses majestueux colosses à tête de taureau, accueillait les différentes délégations venues de l'empire porter leur tribut. Pierre Loti se trouve sur la photographie de gauche, encadré par les statues.

PAGE DE DROITE : Détail des quartiers résidentiels des empereurs.

ensuite par les archéologues allemands et américains qui exploitèrent le site de Persépolis nous ont depuis éclairés sur de nombreux points.

Capitale de la grande Perse des Achéménides, Persépolis, Takht-e Djamchid — le trône de Djamchid, pour les Iraniens — fut érigée sous le règne de Darius le Grand, qui s'étendit de 521 à 486 avant Jésus-Christ. La ville reçut ensuite certaines extensions sous le règne de ses successeurs, Xerxès Ier, Artaxerxès, Xerxès II, Darius II, Cyrus II, Artaxerxès II et III, et Darius III. La construction complète du site s'étala sur près de cent cinquante ans, et sa destruction fut ordonnée par Alexandre le Grand, lors de ses conquêtes vers l'Inde. Les ruines impressionnantes laissées par le conquérant macédonien ont cependant résisté à l'épreuve du temps, sous la protection de la montagne de Rahmat, et nous permettent de nous faire une idée assez précise du faste et de la magnificence des Achéménides.

Une foule immobile

« ... Centaines de personnages, aux nobles raideurs, aux barbes et chevelures frisées en petites boucles : [...] Des monarques s'avançant sous de grands parasols que tiennent des esclaves ; des taureaux, des dromadaires, des monstres... »

La majeure partie des édifices est située sur une plate-forme de plus d'un kilomètre carré, à laquelle on accède par un escalier monumental à double rampe. Taillé dans d'énormes blocs de pierre, il est si large qu'il permettait le passage de plusieurs chevaux de front. Comme de nombreux visiteurs illustres avant lui, Loti gravit donc les marches pour être accueilli par les deux gigantesques taureaux à visage humain qui gardent la Porte des Nations. Suivant le même parcours que les délégations, venues de chaque région de l'empire porter leurs tributs à l'empereur, l'écrivain se rend ensuite vers le palais de l'Apadana, où trônait Darius le Grand. Plus encore que le bâtiment, ce sont les escaliers qu'il emprunte pour y accéder qui retiennent l'attention du visiteur par la beauté de leurs bas-reliefs aux arêtes tranchées. Ces derniers représentent la procession du nouvel an de l'ensemble des peuples assujettis au pouvoir de Darius : Mèdes, Perses, Éthiopiens, Lybiens, Arabes, Indiens, Égyptiens, Sogdiens, Arméniens... et bien d'autres peuples encore dont les noms nous sont aujourd'hui inconnus.

Continuant plus au sud, Loti accède à un niveau supérieur de terrasses, celui des résidences privées des différents empereurs qui se succédèrent dans la ville. Il trouve parmi les ruines de nombreux restes de colonnes et de portes, magnifiquement ornées de personnages sculptés dont la présence en ces lieux est presque intimidante. Au nord-est, on accède enfin au palais des Cent Colonnes, un immense bâtiment carré de 70 mètres de côté, dont le splendide plafond de cèdre reposait sur une centaine de colonnes dont il ne reste aujourd'hui que quelques bases. Dans ce bâtiment l'empereur siégeait entre deux vasques où brûlait de l'encens, et recevait tour à tour chacune des délégations, chargées de cadeaux, qui venaient lui rendre allégeance et s'enquérir de la politique à suivre. L'ensemble des présents était ensuite conservé dans un bâtiment de près de 10 000 mètres carrés, la salle du trésor, situé à l'est de l'actuel musée.

Après être revenu sur le site le lendemain pour s'imprégner une dernière fois de la magnificence des Achéménides, Loti reprend la route d'Ispahan, en marquant une nouvelle halte devant les hypogées de Naqsh-e Rostam. Sculptées à même la roche brune des falaises abruptes, ces tombes accueillirent les dépouilles de Darius le Grand, d'Artaxerxès, de Xerxès et de

Darius II. Sous ces impériales demeures se trouvent de splendides bas-reliefs datant de l'époque plus récente des Sassanides. De nombreux exploits des empereurs de cette dynastie y sont illustrés, notamment la victoire de Shapur Ier sur l'empereur romain Valérien. Loti s'attarde quelque peu sur cette dernière scène qui lui paraît la plus intéressante de toutes. Il explore ensuite le pied de la montagne, à la recherche d'un monument zoroastrien dont lui avaient parlé quelques *parsis* de Bombay lors de son séjour en Inde. Arrivé en vue de deux pyramides tronquées à la décoration rudimentaire, il a la confirmation par son muletier qu'il s'agit bien de ce qu'il cherche, une paire d'*âtashkadeh*, « deux autels jumeaux pour le culte du feu qui datent des premiers Mages, qui ont précédé de plusieurs siècles tout le colossal travail de Persépolis et de la montagne sculptée, [...] inusables et quasi éternels dans leur solide rudesse ».

Vers Ispahan

« Pas de routes tracées, pas de clôtures, pas de limites, rien d'humain nulle part ; vive l'espace libre qui est à tout le monde et n'est à personne ! »

Après cette dernière visite, il est temps pour Loti de reprendre la route, d'abandonner les fastes disparus des Achéménides et des Sassanides, et de retrouver l'habituelle solitude des hauts plateaux. Plus facile qu'entre Busher et Shirâz, la progression lui réserve encore quelques mauvaises surprises, que des villageois bienveillants l'aident à surmonter. Le soir, la petite caravane de l'écrivain fait étape dans le village fortifié d'Âli Âbâd. Après une nuit paisible, le groupe se remet en route de bonne heure accompagné par quelques hommes du village armés jusqu'aux dents, car les environs sont infestés de bandits de grand chemin. La police de Mozaffar od-Din Shâh, l'empereur Qâdjâr au pouvoir lors du voyage de Loti, très efficace dans les grandes villes ou lors d'actions d'envergure, est loin de contrôler l'intégralité de ce territoire grand comme trois fois la France, et les voyageurs ont intérêt, en ce début de siècle, à pourvoir eux-mêmes à leur défense. Heureusement les gorges

qu'ils empruntent se révèlent d'un calme olympien, et une vaste plaine s'ouvre bientôt devant Loti et ses hommes qui poussent leur monture au galop à travers cet espace sans limites. Plusieurs heures d'une cavalcade échevelée les mènent jusqu'au village de Kader Âbâd, où ils s'arrêtent pour déjeuner dans le jardinet ombragé du caravansérail. Alors qu'ils s'apprêtent à partir, survient un événement qui réunit tout le village. Une princesse persane, en route vers Ispahan, vient d'arriver en carrosse avec sa suite. Loti, qui s'est mêlé à la foule des badauds, est une fois de plus fort déçu de ne voir qu'une silhouette sans âge, drapée de soie noire et masquée d'un loup blanc. Il repart donc sans plus attendre à travers l'étendue virginale du plateau persan. Le trajet vers Ispahan lui prendra encore six jours. Six jours à travers des paysages souvent monotones qui le mènent de villes en villages, Abbâs Âbâd, Âbâdeh, Yazdeh Khast, Koumishâh, où il partage tantôt l'intimité de pauvres villageois, tantôt celle des caravanes de marchands.

Le seul événement véritablement marquant de ce voyage est la procession d'Âshurâ Tâssuâ, le point culminant du deuil de Moharram, à laquelle il assiste dans la ville de Koumishâh. À midi, le jour même, il avait déjà pu observer les hommes d'un village où s'il s'était arrêté pour déjeuner, pratiquer le *sine zani*.

CI-DESSUS :
Ces autels du feu décrits par Loti comme « deux lourdes et naïves pyramides tronquées, que couronne une dentelure barbare », étaient utilisés à l'époque achéménide par les prêtres zoroastriens.
(Pierre Loti, *Vers Ispahan*)

PAGE DE GAUCHE :
Les hypogées majestueux des empereurs sassanides ont été creusés à même la roche dans un style mélangé, inspiré, selon Loti, « à la fois de l'Égypte et de la Grèce ; les colonnes, les entablements sont ioniens, mais l'aspect d'ensemble rappelle la lourdeur superbe des portiques de Thèbes ».
(Pierre Loti, *Vers Ispahan*)

CI-DESSOUS : Le Pol-e Khâdjou, construit au XVIIe siècle sous les ordres de Shâh Abbâs, se distingue par la présence de céramiques et de petits pavillons centraux magnifiquement ornementés.

PAGE DE DROITE ET DOUBLE PAGE SUIVANTE : Le manque de curiosité de Loti et son dédain pour le quartier arménien de Djolfâ d'Ispahan l'ont privé des églises qui s'y dissimulent. Elles recèlent de véritables trésors de peintures et d'ornementations, synthèse parfaite de la figuration occidentale chrétienne et des motifs abstraits islamiques.

L'épaule et le sein gauche découverts et bleuis par les coups de poing répétés, les hommes se frappaient ensemble en cadence en scandant le nom de l'imam Hossein.

Le soir, le spectacle est encore plus impressionnant. Des milliers d'hommes en transe sont rassemblés dans la cour de la mosquée de Koumishâh, répétant une fois de plus le nom de l'imam. Loti, qui s'est introduit dans le lieu saint avec l'aide de deux Persans payés à prix d'or, est médusé par la folie collective régnant dans ce lieu : « Au faîte des murailles d'enceinte et au bord de toutes les terrasses d'alentour, les femmes perchées, immobiles et muettes, semblent un vol d'oiseaux noirs qui se serait abattu sur la ville. Dans un coin, un vieillard, abrité du remous humain par le tronc d'un mûrier centenaire, frappe comme un possédé sur un monstrueux tambour : trois par trois, des coups assourdissants, et battus très vite comme pour faire danser on ne sait quoi d'énorme ; — or, la chose qui danse en mesure est une sorte de maison soutenue en l'air, au bout de longs madriers, par des centaines de bras, et agitée frénétiquement malgré sa lourdeur. La maison dansante est toute recouverte de vieux velours de Damas et de soies aux broderies archaïques ; elle oscille à dix pieds au-dessus de la foule, au-dessus des têtes levées, des yeux égarés, et par instants elle tourne, les fidèles qui la portent se mettant à courir en cercle dans la mêlée compacte, elle tourne, elle tourbillonne à donner le vertige. Dedans, il y a un muezzin en délire, qui se cramponne pour ne pas tomber et dont les vocalises percent tout le fracas d'en dessous... » Mais notre curieux n'arrive pas à faire oublier sa présence étrangère bien longtemps et doit fuir rapidement la mosquée, protégé par ses deux escortes. Heureusement, il réussit à se faire convier par un des habitants à la soirée de deuil que celui-ci donne dans sa maison. Loti, que les convenances imposent d'installer légèrement à l'écart, a alors tout loisir d'écouter le récit mimé de la mort de l'imam Hossein, bien loin cette fois du sentiment d'exclusion qui l'avait tant meurtri à Shirâz.

La ville bleue

« ... Cette ville de turquoise et de lapis, dans la lumière du matin, s'annonce invraisemblable et charmante autant qu'un vieux conte oriental. »

Le 12 mai, après la traversée d'une énième plaine désolée, les coupoles et les minarets bleus de l'éden convoité s'offrent à lui, enfouis au sein d'une végétation luxuriante que protègent de puissantes montagnes enneigées. C'est par le quartier arménien de Djolfâ, qu'il délaissera avec un peu de dédain, que Loti pénètre dans la ville mythique. Quartier prospère au temps de Shâh Abbâs, au XVIe siècle, Djolfâ a perdu en ce début du XXe siècle beaucoup de son faste et ne lui semble pas digne des beautés promises par la « vraie » Ispahan. L'impatience de Loti est telle qu'il ne tient pas compte non plus des avertissements des chrétiens du faubourg lui proposant un logement. En tant qu'infidèle, il risque fort de ne pas trouver à se loger dans la ville même, dont la population musulmane majoritaire est assez religieuse.

Mais l'académicien téméraire, fort des épreuves franchies depuis le début de son voyage, n'en fait qu'à sa tête et s'achemine vers le Zayândeh Rud, le fleuve d'Ispahan, après avoir changé de mules. Sur les rives du fleuve, il admire au passage les *qalamkârs*, les fameuses cotonnades indiennes de Perse, dont les ancestrales planches de bois gravées sont jalousement gardées dans les ateliers de la ville depuis des générations. Loti emprunte ensuite un pont qui, compte tenu de la direction d'où il vient et de la longueur dont il parle, doit être le Si o Seh Pol, même si sa description se rapproche de celle d'un deuxième pont situé plus en aval, le Pol-e Khadjou.

Une fois de l'autre côté du fleuve, notre écrivain est immédiatement séduit par ce qu'il découvre. Femmes, marchands de thé, mendiants, tous les Ispahanais que rencontre Loti ont des bouquets de roses à la main, et de chaque côté de la large avenue droite qu'il remonte, de vastes jardins plantés de cyprès et de rosiers dissimulent palais et mosquées. L'écrivain doit néanmoins tempérer son émerveillement à mesure qu'il s'enfonce dans les ruelles qui bordent l'avenue à la recherche d'un caravansérail. L'atmosphère des allées du bazar est comme souvent pesante et grouillante. Malgré l'obscurité et les odeurs qu'on devine pénibles, le spectacle de ses hautes voûtes de brique lui offre un nouveau motif d'émerveillement. Cependant les propriétaires des caravansérails auxquels il s'adresse lui opposent invariablement un non catégorique. Parvenu devant un caravansérail vide et délabré, Loti est abandonné par ses porteurs arméniens qui refusent de continuer plus loin. En désespoir de cause il demande à loger dans le « bouge » devant lequel il se trouve. Mais là encore, il trouve le même sourire mielleux et la même réponse : tout est plein.

À ce moment intervient un vieillard qui propose à notre écrivain de lui louer la maison d'un seigneur dans le besoin, moyennant une somme rondelette. Loti saute sur cette occasion inespérée et part immédiatement à la suite de son sauveur dans un quartier éloigné jonché de ruines. Là, derrière une porte vermoulue, se cache une maison en tout point conforme à ses rêves. « Oh ! l'idéale demeure ! Un jardin, ou plutôt un nid de roses : des rosiers élancés et hauts comme des arbres ; des rosiers grimpants qui cachent les murailles sous un réseau de fleurs. Et, au fond, un petit palais des

Mille et Une Nuits, avec une rangée de colonnes longues et frêles, en ce vieux style persan qui s'inspire encore de l'architecture achéménide et des élégances du roi Darius. » Ne perdant pas un instant, Loti retourne chercher ses bagages pour pouvoir s'installer. Malheureusement, le maître du vieillard, ayant appris entre-temps que notre voyageur était chrétien, se rétracte et c'est finalement dans un taudis, où une vieille femme consent à lui louer une pièce, que Loti échoue.

Dans les allées du bazar

« C'est un monde, ces bazars d'Ispahan, qui furent à leur époque les plus riches marchés d'Asie. »

Mais son repos est de courte durée. Les voisins de la propriétaire exigent qu'elle chasse les infidèles. L'écrivain se barricade après avoir expédié un billet à l'attention du consul de Russie, seul représentant diplomatique occidental dans la ville, par le biais d'un de ses serviteurs persans. En attendant que lui parvienne une réponse, il exhibe ses pistolets à la fenêtre de la maison afin de dissuader d'éventuels fanatiques d'escalader le mur. Heureusement, le consulat russe n'est guère éloigné, et il voit bientôt se profiler la haute silhouette de deux cosaques chargés d'une invitation qu'il s'empresse d'accepter. Le palais du prince et de la princesse D..., outre les habituels buissons de roses, possède un confort européen que notre voyageur éreinté apprécie.

Le lendemain de son arrivée, Loti, après avoir goûté le charme et la tranquillité de la demeure de ses hôtes, peut commencer à se livrer à l'exploration de la ville. Les Ispahanais étant réputés comme peu tolérants avec les étrangers, on lui adjoint une garde composée de deux soldats armés et d'un cosaque. Cette compagnie n'enchante pas particulièrement l'écrivain qui souhaite passer le plus inaperçu possible dans les dédales du bazar. Après un court trajet à travers l'allée des tailleurs et des tissus, Loti arrive en vue de la place principale de la ville, Naqsh-e Djahân, l'image du monde. « [...] Une ogive toute ornée de mosaïques d'émail, une énorme ogive,

Le bazar d'Ispahan est l'un des plus beaux et le plus majestueux d'Iran. Ses allées voûtées et obscures s'ouvrent sur la place éclatante de soleil de Naqsh-e Djahân, tandis que les artisans s'affairent dans leurs petites échoppes.

قلمزنی و فروشگاه سید محسن احمدی
ساخت کامل انواع ضریح
گالری مس

ouverte depuis le sol jusqu'au sommet de la voûte, nous révèle soudain cette place d'Ispahan, qui n'a d'égale dans aucune de nos villes d'Europe, ni comme dimensions, ni comme magnificence. C'est un parfait rectangle, bordé d'édifices réguliers, et si vaste que les caravanes, les files de chameaux, les cortèges, tout ce qui le traverse en ce moment, sous le beau soleil et le ciel incomparable, y semble perdu ; les longues nefs droites des bazars en forment essentiellement les quatre côtés, avec leurs deux étages de colossales ogives murées, d'un gris rose, qui se suivent en séries tristes et sans fin ; mais pour interrompre cette rectitude trop absolue dans les lignes, des monuments étranges et superbes, émaillés de la tête au pied, resplendissent de différents côtés comme de précieuses pièces de porcelaine. » Chardin dans les merveilleuses descriptions qu'il livre d'Ispahan au XVIIe siècle fait état d'une activité tumultueuse autour de cette place, envahie à la nuit tombée par les brigands, les montreurs de marionnettes, les prêcheurs et les prostituées.

CI-DESSUS ET PAGE DE DROITE : Détails de l'imposante mosquée de l'Imam, située sur la place principale de la ville, et dont les minarets, richement ornementés, s'élancent à plus de quarante mètres.

« La moitié du monde »

« Il y a comme un délire de renouveau dans l'air ; c'est la pleine magnificence de ce printemps de la Perse, qui est si éphémère avant l'été torride... »

Mais pour l'heure, Naqsh-e Djahân est calme, les bas-fonds d'Ispahan ont été nettoyés il y a déjà longtemps, et la place appartient désormais aux marchands et au commerce. Ce qui laisse tout loisir à Loti d'admirer chacun des édifices majestueux depuis l'ogive où il se tient. Tout d'abord la mosquée de l'Imam, anciennement mosquée du Shâh, située au fond de la place, « entièrement en bleu lapis et bleu turquoise, ses dômes, ses portiques, ses ogives démesurées, ses quatre minarets qui pointent dans l'air comme des fuseaux géants ». Ensuite, le regard du voyageur se porte sur le palais d'Âli Qâpu, dont la frêle silhouette semble flotter au-dessus de l'allée sur laquelle elle s'appuie. Puis vient la somptueuse mosquée du Sheikh Lotfollah, et sa coupole jaune dont les céramiques sont parmi les plus belles d'Iran. Le voyageur laisse flotter un regard bienveillant sur les occupants de la place, quelques rêveurs insouciants abrités par des tentures et occupés à passer le temps en fumant des *qaliâns* et en buvant du thé ; des cavaliers qui paradent dans la lumière crue du soleil ; une poignée de mollahs enturbannés sortant d'une mosquée ; ou quelques femmes voilées qui se promènent juchées sur des ânes blancs.

Se décidant à explorer les lieux, Loti longe les arcades du bazar et s'approche peu à peu de l'imposant portail de la mosquée de l'Imam. « À mesure que nous avançons, les minarets et le dôme du sanctuaire profond [...] ont l'air de s'affaisser pour disparaître, tandis que monte toujours davantage cet arceau du porche, cette ogive aux dimensions d'arc triomphal, dans son carré de mur tout chamarré de faïences à reflets changeants. Lorsqu'on arrive sous ce porche immense, on voit comme une cascade de stalactites bleues, qui tombe du haut des cintres ; elle se partage en gerbes régulières, et puis en myriades symétriques de gouttelettes, pour glisser le long des murailles intérieures, qui sont merveilleusement brodées d'émaux bleus, verts, jaunes et blancs. » Une fois passé le portail, on accède par un corridor hexagonal à la cour principale dont l'axe oblique oriente les espaces de prière vers La Mecque, tandis que l'entrée est tournée vers le nord. Le plan de la mosquée suit ensuite la configuration classique des quatre *ivans*, celui situé au sud ouvrant sur le grand hall de prière que surmonte la splendide coupole de 52 mètres de haut que l'on aperçoit depuis l'extérieur. La quasi-totalité du bâtiment est recouverte de carreaux de céramique somptueux, chargés de motifs floraux abondants, dans des dominantes or, jaune et blanc, sur des fonds bleu intense.

Malheureusement pour lui, Loti n'est pas autorisé à voir tous ces trésors et doit se contenter d'observer, depuis le portail où

il se trouve, « la porte impénétrable pour les chrétiens, la porte du saint lieu, qui est large et haute, mais que l'on dirait petite, tant sont écrasantes les proportions de l'ogive d'entrée ; elle plonge dans les parois épaisses, revêtues d'émail couleur lapis ; elle a l'air de s'enfoncer dans le royaume du bleu absolu et suprême ».

Flâneries printanières

« Les marchands, presque tous, sont des vieillards à la barbe neigeuse, accroupis dans des niches sombres, chacun tenant sa petite balance pour peser les turquoises et chacun poursuivant son rêve que les acheteurs ne viennent guère troubler. »

Lorsqu'il revient au consulat, l'écrivain est assailli par un bataillon de marchands, juifs et arméniens, venus lui proposer des tapis et des bibelots anciens. Amusé par cette « chine » à domicile, Loti leur accorde de revenir chaque matin lui proposer leurs trouvailles. Une fois son déjeuner pris, il se remet en route avec son escorte pour explorer à nouveau le bazar. Il traverse alors le quartier des teinturiers, où dans une pénombre inquiétante s'égouttent les écheveaux de laine et les tissus, puis le quartier des marteleurs de cuivre, avant d'arriver aux selliers qui ont, comme à Shirâz, sa préférence. Par une des ogives où il parvient bientôt, l'étendue éclatante de la place se dévoile à nouveau. À la hâte, il traverse la fournaise vers une allée symétrique, celle des pâtissiers, qui sent bon la rose et le sucre, et est envahie par les enfants. Sa promenade se poursuit ensuite vers le quartier des bijoutiers, qui, bien que vétuste et endormi, lui permet de faire quelques achats.

Puis, à mesure que le jour décline, Loti s'écarte progressivement du bazar pour s'enfoncer dans des allées laissées en ruine depuis les invasions afghanes, où seules quelques fleurs viennent péniblement égayer des alentours sinistres. La nuit approchant, il rentre rapidement chez ses hôtes.

Le jour suivant, Loti flâne le long de l'avenue de Tchahâr Bâq, dont il compare la magnificence passée à l'avenue des Champs-Élysées. Là, entre les buissons de roses odorants et les anciens palais, il se plaît à rêver la vie de la cour à l'époque safavide. Il emprunte à ses souvenirs de lecture de Chardin et aux miniatures qu'il a pu admirer, pour dresser un tableau fastueux et délicat des réjouissances persanes d'alors. Mais, des centaines de merveilleux palais aux jardins fleuris, nommés Hasht Behesht, les huit paradis, il en reste bien peu qui soient encore debout. « Entre qui veut dans les quelques palais restés debout, dont les plafonds délicats tombent en poussière et où les Afghans, par fanatisme, ont brisé dès leur arrivée le visage de toutes les belles dames peintes sur les panneaux de faïence. »

Loti, que les destructions aveugles du passé meurtrissent, s'en retourne vers la fraîcheur du bazar. Il découvre cette fois le travail des tisseurs de soie, celui des fabricants d'indiennes imprimées à la planche, les *qalamkâris*, et enfin les émailleurs de faïence qui ne possèdent plus, selon lui, le sens de la couleur de leurs ancêtres. Après s'être débarrassé de son escorte qui commence à l'encombrer dans cet Ispahan qu'il apprend peu à peu à maîtriser, il s'assoit enfin dans une des petites maisons de thé qui bordent la place et goûte la tranquillité du lieu avec délice, en fumant un *qaliân*.

PAGE DE GAUCHE :
Détail de la porte de la mosquée de l'Imam, entièrement recouverte de plaques d'argent ciselé.

CI-DESSOUS :
Construite en 1612, sous les ordres de Shâh Abbâs, la place Naqsh-e Djahân totalise une superficie de 80 000 mètres carrés, et servait encore, au début du siècle, de terrain de polo pour les nobles persans.

DOUBLE PAGE SUIVANTE :
Détail de céramique de l'école théologique Elmieh Emam Ja'far Sâdeq, toujours en activité et construite au début du XVIIIe siècle par la mère du dernier empereur safavide.

Vue de l'intérieur de la mosquée du Sheikh Lotfollah, construite pour l'usage exclusif du Shâh Abbâs.

« À l'intérieur, c'est
de l'Orient ancien et très
pur ; une salle élevée,
qui jadis fut blanche
et or, aujourd'hui
d'un ton d'ivoire
rehaussé de vermeil
mourant ; au plafond,
des mosaïques en très
petites parcelles
de miroir, d'un éclat
d'argent terni. [...]
En tout cela,
un inquiétant charme
de vétusté, de mystère
et d'aventure. »
(Pierre Loti, *Vers Ispahan*)

L'ancienne capitale, devenue aujourd'hui une tranquille ville de province, possède un charme inégalable. La vie s'y écoule paisiblement, à l'abri du soleil, dans les cours des mosquées ou derrière les façades mystérieuses, qui témoignent de son ancienne splendeur.

Une fascination pour le motif

« Une complication effrénée dans le détail, arrivant à produire de la simplicité et du calme dans l'ensemble : tel est, ici comme partout, le grand mystère de l'art persan. »

Vers la fin de cette journée Loti effectue une dernière visite, celle de l'École de la Mère du Shâh, actuellement Madreseh-ye Elmieh Emam Ja'far Sâdeq, où il est introduit par une relation du prince D.... La description très détaillée qu'il en livre est des plus élogieuses. « Cette université — qui date de trois siècles et où le programme des études n'a pas varié depuis sa fondation — a été construite avec une magnificence digne de ce peuple de penseurs et de poètes, où la culture de l'esprit fut en honneur depuis les vieux âges. » L'écrivain, que personne ne vient ici inquiéter, s'abîme tout entier dans la contemplation des fleurs d'émail et des versets du Coran entrelacés. Il est même admis, suprême honneur, à rencontrer le mollah qui dirige l'école. Celui-ci le reçoit en compagnie de son fils, assis sur un tapis, une rose à la main. La discussion s'engage, mais l'écrivain n'y prête guère attention tant il est fasciné par la décoration du lieu.

Après une nouvelle nuit passée dans son petit « coin d'Europe », Loti est introduit par le prince D... auprès du prince Zelleh Soltân, le frère du Shâh, qui est le vizir d'Ispahan. La maison de ce puissant le déçoit. Elle est trop moderne à son goût. Après les discussions d'usage, il se rattrape en visitant les jardins attenants qui le conduisent au palais des Quarante Colonnes, appelé en persan Tchehel Sotoun. Ce palais de réception, construit par Shâh Abbâs II en 1647, possède en fait dix-huit colonnes qui viennent se refléter dans un immense bassin, formant ainsi les autres dix-huit colonnes permettant d'arriver à la quarantaine. Disposant d'un imposant porche

ornementé de mosaïques de miroirs, et soutenu par de frêles colonnes de bois sculptées, le palais abrite de splendides murs peints, représentant des scènes de réceptions et de batailles qui illustrent la vie des empereurs safavides. Loti est comblé par cette nouvelle découverte qui lui permet une fois de plus d'évoquer les souvenirs du chevalier Chardin et le luxe de la vie de cour et des harems.

Le lendemain, notre esthète s'adonne une fois de plus à sa passion des antiquités. Mais cette fois, il abandonne les petites échoppes pour les coffres secrets de quelques maisons privées où ne se rend qu'une clientèle privilégiée. « Par de vieux escaliers étroits et noirs, dont les marches sont toujours si hautes qu'il faut lever les pieds comme pour une échelle, par de vieux couloirs contournés et resserrés en souricière, nous pénétrons dans je ne sais combien de demeures d'autrefois, aux aspects clandestins et méfiants. » Là, assis sur des coussins dans de petites pièces sombres, il accepte d'abord le thé d'usage, préalable à toute discussion et à toute vente sérieuses. Vient ensuite le déballage des trésors cachés dans les vieux coffres de cèdre : boîte en papier mâché vernissé décorée de ravissantes miniatures, où Loti admire la grâce de ces Persanes si mystérieuses dont il n'a jusqu'à maintenant croisé que les silhouettes fantomatiques ; peintures à l'huile persanes des XVIIe et XVIIIe siècles parmi lesquelles se glisse parfois un maître hollandais ; émaux, brocarts et autres tissus précieux ; et enfin tapis de soie à la finesse de velours dont les motifs resserrés lui rappellent les calligraphies mystérieuses des vieux corans. Après ces visites, où Loti ne s'étend pas sur les achats qu'il n'a sans doute pas manqué de réaliser, il retourne, seul cette fois, à l'École de la Mère du Shâh. Comme on le reconnaît, on le laisse libre d'aller à sa guise dans le bâtiment et de goûter, avec bonheur, au calme et à la sérénité du jardin où abondent les églantiers en fleur.

Partie d'échecs dans un jardin entre nobles persans au début du siècle. Ce jeu reste encore très populaire aujourd'hui et de nombreux adeptes le pratiquent encore dans les jardins publics où les habitants de la ville viennent chercher un peu d'ombre et de fraîcheur.

DOUBLE PAGE SUIVANTE : « Lapis et turquoise, toujours, gloire et apothéose des bleus. Les coulées de petits glaçons bleus, de petits prismes bleus affluent de la coupole, s'épandent çà et là sur les multiples broderies bleues des parois... »
(Pierre Loti, *Vers Ispahan*)

Le jeudi 17 mai, l'écrivain passe une journée paisible. Sa principale distraction est d'aller espionner trois femmes en train de cueillir des roses dans un jardin. « Je les espérais plus jolies ; celles qui sont peintes sur les boîtes des antiquaires m'avaient gâté, et aussi les quelques paysannes sans voile aperçues dans les villages du chemin. Très pâles, un peu trop grasses, elles ont du charme cependant, et des yeux de naïveté ancienne. »
Le jour suivant étant férié, Loti se rend dans la campagne voisine en compagnie des nombreux Persans qui viennent y pique-niquer. En chemin, il découvre les ruines de deux palais safavides, splendides à en juger par ses descriptions, mais qui ont aujourd'hui disparu.

CI-DESSUS : Détails des peintures du palais des Quarante Colonnes qui permettent d'imaginer le luxe des réceptions royales de l'époque.

PAGE DE DROITE : Portrait de femmes au début du siècle. Outre le tchador noir de rigueur, les femmes des villes portaient également un loup blanc, qu'elles pouvaient relever au gré des convenances.

Des silhouettes fugitives

« Elle a vingt ans, elle est une petite beauté espiègle et drôle, avec des joues bien rondes, bien roses ; des yeux d'onyx, entre des cils qui ont l'air faits en barbes de plume de corbeau... »

Sur le retour, alors qu'un vent maussade s'est levé, une surprise l'attend. Une femme, qu'il avait à son allure prise pour une petite vieille, voit son loup emporté par une bourrasque, et dévoile son visage le temps d'un sourire. Charmé par cette rencontre inespérée qui le réconcilie avec la gent féminine persane, Loti s'en retourne vers la maison de son hôte, non sans flâner encore un peu dans les jardins qui sont sur son parcours et embaument l'air de leurs milliers de roses. Comme il s'agit de sa dernière soirée dans la ville bleue, il a obtenu l'autorisation exceptionnelle de se promener à la nuit tombée. À l'époque de Loti, la nuit, chaque quartier est isolé des quartiers voisins par de lourdes portes. Il faut donc à notre curieux et à son escorte héler chacun des gardes, qui les accompagne ensuite jusqu'à la porte suivante où un autre gardien prend le relais. Mais dans les ruelles désertes qu'il traverse, Loti ne rencontre que solitude et désolation. De temps à autre les voûtes de brique cèdent la place à la nuit étoilée, et ses pas le rapprochent bientôt de la grande place où il admire une dernière fois la majesté de la mosquée de l'Imam : « Et elle trouve le moyen d'être encore bleue, alors qu'il ne reste plus de couleurs autre part sur la terre ; elle s'enlève en bleu sur les profondeurs du ciel nocturne qui donnent presque du noir à côté de son émail, du noir saupoudré d'étincelles. » C'est donc le samedi 19 mai que Loti reprend la route à bord, cette fois, d'une voiture à cheval qui annonce déjà la modernité de Téhéran. Les jardins et les peupliers qui entourent Ispahan cèdent rapidement la place aux habituelles étendues désertiques bordées de hautes montagnes. Durant le trajet monotone qu'il a l'impression d'avoir déjà effectué, il croise l'équipage somptueux du nouveau vizir de la province du Fârs. Il tente une fois de plus de surprendre quelques femmes à la dérobée, mais les eunuques veillent et il repart bredouille. Trois jours plus tard, après avoir affronté quelques tempêtes de sable et franchi de longues plaines désolées, la voiture de Loti parvient à Kâshân, la ville de la princesse Zobeideh, immortalisée par les contes des *Mille et Une Nuits*. Parvenus au centre ville, Loti et ses hommes sont happés par les marchands du bazar qui veulent absolument leur vendre soies, brocarts, armes et tapis. L'écrivain se laisse faire avec la complaisance de l'habitué, avant de regagner le caravansérail où règne une activité fébrile. Le va-et-vient des équipages est incessant et, à la nuit tombante, Loti assiste depuis la fenêtre de sa chambre à l'entrée d'une caravane de près de deux cents chameaux « parés avec une pompe barbare, ayant des plumets sur la bosse, des queues de coq sur le front, des queues de renard aux oreilles, des fausses barbes faites de coquillages enfilés ».

Dès le lendemain, Loti reprend la route, laissant derrière lui les trésors d'architecture du XVIIIe siècle dont regorge la ville, mais dont personne ne lui a visiblement parlé. Considérant aussi avoir vu l'essentiel de l'art persan à Ispahan, il a maintenant hâte de regagner Téhéran, puis l'Europe.

En chemin, il prend néanmoins le temps de s'arrêter à Qom, et de visiter le sanctuaire de Hazrat-e Ma'sumeh, la sœur de l'imam Rezâ, le huitième imam. Les coupoles d'or étincelantes et les minarets richement décorés frappent notre voyageur tant ils semblent bien conservés en comparaison de ce qu'il a vu jusque-là.

Ce sera la dernière étape importante de Loti avant qu'il n'arrive à Téhéran, sous un ciel chargé de pluie qui annonce un peu plus encore la fin du voyage. La ville, bondée et sans charme, lui déplaît d'emblée. Même la silhouette majestueuse du lointain Damâvand ne parvient pas à lui faire oublier, ne serait-ce qu'un instant, les charmes quittés il y a quelques jours à peine.

Malgré son peu de goût pour cette ville avec laquelle il a « hâte d'en finir », Loti tente quand même quelques visites. Au palais du Golestân, où, comme on ne peut le recevoir — le Shâh Mozaffar od-Din est en voyage en Europe — il s'introduit clandestinement avec la complicité d'un gardien. Il peut ainsi admirer le trône du Paon, entièrement incrusté de pierres précieuses, dans lequel le Shâh rend la justice et règle les affaires

du royaume. Après cette visite volée, l'écrivain se rend à la légation française où il va loger pendant son séjour. Celle-ci, habituellement située dans la ville, a installé ses quartiers d'été, en prévision des grosses chaleurs à venir, à l'extérieur de Téhéran, dans un magnifique jardin, en direction du Damâvand.

Une capitale mal aimée

« ... Autant dire qu'ici on est au terme du voyage... »

Le lendemain, la capitale, qui a retrouvé le soleil, lui semble moins décevante. Il nous décrit les larges « avenues bordées d'ormeaux centenaires », le long desquelles se succède une multitude d'échoppes, où les artisans exercent leurs métiers ancestraux. « Les mosaïstes, penchés sur des tables, assemblent leurs minuscules parcelles d'ivoire, de cuivre et d'or. Les peintres patients, au fin visage, enluminent les boîtes longues pour les encriers, les boîtes ogivales pour les miroirs des dames, les cartons pour enfermer les saints livres... » Il est reçu par le prince consort, qui lui promet une visite du palais du Golestân, puis par le grand vizir qui l'invite à dîner pour le soir suivant. Mais chez ses deux hôtes illustres, d'une courtoisie et d'une compagnie exquises, Loti déplore le même faible pour l'Europe.

Durant les quelques jours où il séjourne à Téhéran, Loti se rend au grand bazar, prend la peine de visiter un petit palais qâdjâr, explore de fond en comble les salles surchargées de trésors du palais du Golestân. Il y admire une nouvelle fois le trône du Paon, et dîne, comme convenu, avec le grand vizir et ses ministres dans une ambiance qui lui rappelle le Quai d'Orsay. Il lui arrive aussi de goûter le calme des jardins privés situés au pied des montagnes, au nord de la ville, où la « beauté tranquille » de la végétation apportée par les hommes contraste avec les « arbres venus d'eux-mêmes » à l'extérieur, qui ont l'air « misérables » et « mutilés par la neige ».

Le 31 mai, l'écrivain quitte la capitale à bord d'une nouvelle voiture. Sa première escale est Qazvin qu'il ne prend pas la peine de visiter. À mesure qu'il redescend des plateaux vers le niveau de la mer, la végétation se fait plus dense. De nombreux orages s'abattent sur les paysages verdoyants qu'il traverse, coupant les ponts et rendant la progression du véhicule difficile. Outre les dangers de la route, Loti doit affronter la passion sans mesure de ses nouveaux serviteurs et cochers pour la vodka russe et user de son bâton pour se faire entendre. Heureusement, la descente touche rapidement à sa fin, et après un bref passage à Rasht, notre voyageur parvient enfin au port d'Anzali. C'est là qu'il passe sa dernière nuit en Perse, attendant le paquebot russe qui l'emmènera le lendemain à Bakou, d'où il rejoindra ensuite la lointaine Europe.

Le soir, abrité par les orangers qui bordent la plage, Loti contemple avec sa nostalgie coutumière la muraille de montagnes qui symbolise la Perse maintenant disparue, et ses dernières pensées vont une fois encore à Ispahan, la « ville de terre et d'émail bleu, qui tombe en poussière sous ses platanes de trois cents ans », et à ses « palais de mosaïques et d'exquises faïences, qui s'émiettent sans recours ». Un paradis du passé, à jamais perdu, entrevu trop rapidement à travers la lumière crue des hauts plateaux et capable d'alimenter la mélancolie sans fond de notre orientaliste romantique.

PAGE DE GAUCHE : Palais du Golestân, situé à proximité du grand bazar, dans le centre de Téhéran. C'est là que Pierre Loti s'introduisit en cachette pour admirer les trésors des empereurs Qâdjârs.

CI-DESSOUS : Portrait de Mozâffar od-Din Shâh Qâdjâr dans son jardin du palais du Golestân.

DOUBLE PAGE SUIVANTE : Le gigantesque bazar de Téhéran possède encore quelques recoins préservés qui évoquent l'ancienne puissance persane si chère à Pierre Loti.

۱۴۵
بازار
چهارسو بزرگ
منطقه ۱۲ شهرداری تهران
مسجد جامع

Robert Byron
LA PASSION DE L'ARCHITECTURE

« Ce qui est intéressant en Iran, ce n'est pas seulement ces histoires de rossignols et d'amoureux sous des arbres [...] et toute l'idée que l'on se fait d'Omar Khayâm. [...] C'est surtout tout ce qui est venu avant qui est si intéressant et bien plus valable. C'est ce que je cherche et qui est si peu connu. »

Passionné d'architecture, Robert Byron se rend en Iran afin d'étudier les bâtiments datant des dynasties seljukides et timourides. Outre ses grandes connaissances en la matière, le jeune aristocrate anglais se révèle être un merveilleux chroniqueur. Il restitue avec beaucoup de truculence l'état du pays pris, au début des années trente, entre les manipulations politiques du despote Rezâ Shâh et la guerre d'intérêts que se livrent les grandes puissances occidentales.

PAGE DE GAUCHE : Coupoles de la mosquée du Vendredi à Ispahan, où « le charme de la couleur safavide, comme celui de la couleur timouride, s'efface devant la vénérable grandeur du monument ». (Robert Byron, *La Route d'Oxiane*)

Comptant parmi les maîtres du *travel-writing*, un type de récit de voyage introspectif et initiatique qui allait fleurir après la Seconde Guerre mondiale, Robert Byron fut un personnage étonnant dont la vie trop courte fut ponctuée de nombreux voyages, et d'autant de livres et d'articles s'y rattachant. Né en 1905, dans une famille de la vieille aristocratie anglaise, il reçoit de sa mère, une passionnée de peinture qui copie de nombreux maîtres à la National Gallery, un goût et des talents prononcés pour les arts. Byron est par la suite aussi à l'aise dans la littérature que dans le dessin et la photographie. Après de brillantes études à Eton, puis à Oxford où il fréquente la haute société anglaise, il entame une série de voyages qui augure d'une passion qui ne le quittera plus. Sa première destination est la Grèce et le mont Athos dont il tire un ouvrage, *The Station. Athos : treasures and men*, où il explore la voie des influences byzantines dans l'art occidental. Son attrait pour l'est l'emmène ensuite jusqu'au Tibet, sur lequel il publie *First Russia then Tibet*, avant de se fixer pour un temps sur la Perse et l'Afghanistan. Le but de ce voyage, magnifiquement raconté dans *La Route d'Oxiane*, est de chercher à démontrer, à travers l'exploration quasi systématique des bâtiments d'époque seljukide, « l'importance de deux facteurs qui avaient été sous-estimés jusque-là : la persistance des anciennes traditions persanes pré islamiques et l'influence médiévale de l'Asie centrale » dans l'architecture. L'origine du voyage en Perse remonte en fait à 1931, date à laquelle Byron rencontre Christopher Sykes, un jeune diplomate ayant passé plusieurs années à la légation anglaise de Téhéran. L'admiration de Sykes pour Byron est immédiate et la description qu'il donne de l'écrivain dans l'hommage posthume qu'il lui rend est des plus élogieuses : « Des yeux attentifs et pénétrants, un visage distingué, légèrement semblable à ceux des portraits des rois Bourbons, et une voix dont les intonations presque traînantes ne parvenaient pas à masquer l'extraordinaire vitalité qui se masquait derrière elle [...]. » Les deux hommes, qui sortent d'une soirée enjouée à l'Hôtel Savoy, se découvrent des passions semblables et projettent immédiatement d'effectuer un voyage ensemble en Perse et en Afghanistan. Aux récits que Christopher lui livre sur l'Iran s'ajoutent quelques photographies, dont celle du Gonbad-e Kâvus, qui persuadent encore plus Robert de la nécessité de ce voyage. En avril 1933, une entrevue avec Upham Pope, l'éminent spécialiste de la Perse à qui l'on doit le remarquable *Persian Survey*, précipite le départ.

En mai, Macmillan, l'éditeur de ses précédents livres, lui accorde une avance de 100 £ pour la rédaction de *La Route d'Oxiane*. De plus, certains de ses amis excentriques comptent

Sur la route qui le mène depuis la frontière irakienne vers la capitale persane, Byron s'attarde sur un mausolée seljukide du XIIe siècle, le Gonbad-e Alaviân : « ... Un mausolée [...] dont les panneaux de stuc non coloré, faisant des bosses et des trous au milieu d'un déferlement de végétation exubérante, sont toutefois aussi riches et ordonnés que Versailles. »

« ... Lorsqu'on atteint à la splendeur grâce à un ciseau et un bout de plâtre au lieu de mobiliser tous les trésors de la terre, cette splendeur est due au seul dessin. » (Robert Byron, *La Route d'Oxiane*)

rejoindre l'Iran, à bord de véhicules à charbon. Ce sont eux qu'il surnommera dans son livre « les charbonniers », mais avec lesquels il n'aura guère plus que des rendez-vous manqués. L'une des autres causes, plus secrète, et qui reste pour l'instant à confirmer, du départ de notre jeune aventurier anglais, serait sa collaboration avec les services secrets de Sa Majesté britannique, comme l'avait fait avant lui son compatriote T.E. Lawrence, plus connu sous le surnom de Lawrence d'Arabie.

Il est vrai qu'à l'époque où Byron effectue son voyage, l'Iran, gouverné par son nouveau despote, Rezâ Pahlavi, installé grâce à la complicité des Anglais mais déjà difficilement maîtrisable, est plus que jamais soumis à la convoitise des grandes puissances. La Russie, maintenant bolchevique, est prête à fondre à la moindre occasion sur les provinces du nord qui possèdent de nombreuses richesses agricoles et qu'elle a déjà maintes fois occupées par le passé. L'Angleterre de son côté veut conserver le contrôle discret mais soutenu qu'elle assure sur la politique du pays afin d'exploiter le pétrole qu'elle a découvert en 1906 et dont elle tire des subsides conséquents. Un trésor que l'Allemagne convoite d'autant plus qu'il lui permettrait de posséder un relais intéressant pour sa politique d'expansion, voire une tête de pont pour s'attaquer à l'empire indo-britannique. Ces nombreux enjeux conduisirent certainement le gouvernement anglais de l'époque à dépêcher des agents de renseignement.

Quoi qu'il en soit, les colossales archives photographiques léguées de son vivant par Byron à la Conway Library du Courtauld Institute, suffisent à attester de sa passion sans limites pour l'architecture. Son compagnon de voyage se souvient d'ailleurs de lui comme d'un jeune homme attentif et pressé « avec ses pas rapides, les épaules voûtées, le poids des appareils photo et du matériel de dessin, une cigarette à la bouche, qu'il ne semblait jamais avoir le temps d'enlever, ne fût-ce qu'un moment, et dont la présence continue le faisait respirer avec une sorte de faible mugissement. Il semblait toujours filer d'un minaret à une mosquée [...] ».

Un esthète intransigeant

« S'agissant de l'art islamique, on oublie devant cela le mauvais goût qu'il a pu vous laisser dans la bouche à l'Alhambra ou au Taj Mahal. Je suis venu en Perse pour me débarrasser de ce goût-là. »

Byron arrive donc le 3 octobre 1933 à Téhéran, après un voyage d'un mois et demi, qui l'a mené de Venise à Chypre, puis de Chypre en Palestine, et enfin à travers la Syrie et l'Irak. En chemin, il a retrouvé son futur compagnon de voyage, Christopher Sykes. La Perse que découvre notre esthète anglais est sensiblement différente de celle de Loti. Rezâ Palhavi, un militaire revêche et quasi illettré à la tête d'un régiment de cosaques persans, a destitué l'ancienne dynastie décadente des Qâdjârs. Férocement moderniste, le nouveau shâh veut faire de son pays un exemple pour le Moyen-Orient, prenant partiellement exemple sur son voisin Atatürk. Il dispose pour cela d'un atout important, le pétrole, une manne qui permet encore à l'Iran d'aujourd'hui de se maintenir économiquement. Au-delà de ses retombées économiques, le pétrole a considérablement modifié les habitudes de déplacement dans le pays. Les voitures, les bus, et surtout les camions ont fait une entrée en masse, réduisant peu à peu l'importance des caravanes de mules et de chameaux. C'est donc avec ces moyens de transport modernes que voyagent les deux compagnons de *La Route d'Oxiane* à la recherche des trésors architecturaux de la Perse.

À Téhéran, la vie de Byron s'organise autour des milieux européens, principalement diplomatiques, qui mènent grande vie et organisent de nombreuses réceptions. Ces contacts, ainsi que ceux qu'il a avec quelques lettrés et hauts fonctionnaires persans, lui permettent de suivre l'actualité politique du pays dont il livre en filigrane de son récit une analyse

consciente et sans concession pour le Shâh Pahlavi, qu'il surnomme Marjoribanks, le nom même du shâh ne devant pas être prononcé par déférence et respect pour Son Altesse. Le 5 octobre, à propos d'un dignitaire mort en prison, il écrit : « [...] Ici, la justice est royale et personnelle. [...] Marjoribanks gouverne ce pays par la peur, et la peur suprême est celle de la botte royale. On peut toujours soutenir que cela parle en sa faveur, à une époque où existent les armes qui tuent de loin. »
Parallèlement à sa vie mondaine, Byron approfondit ses connaissances historiques du pays et prépare ses voyages. Tout au long de son séjour en Perse, il alterne d'ailleurs mondanités et explorations culturelles, adoptant une attitude tout oxfordienne, mélange complexe de curiosité et de distance, capable de compassion comme de moquerie, de la plus grande simplicité comme du snobisme le plus outrancier. Christopher se rappelle notamment d'un matin sur la route d'Ispahan où il refusa de prendre la route tant qu'on ne lui aurait pas apporté son thé. « L'un de mes principes, dit Robert Byron avec conviction, est de toujours prendre le thé en premier. »
Après une dizaine de jours passés à Téhéran, il entame son premier voyage, vers les montagnes de l'Azerbaïdjan, où il projette de visiter les villes de Tabriz, Marâqeh, et Ardebil. Les contingences du voyage à l'iranienne leur réservent d'emblée quelques déconvenues, un camion réservé qui n'est pas au rendez-vous, des négociations difficiles avec un chauffeur de taxi, etc. Les deux amis finissent quand même par rejoindre tant bien que mal la ville de Qazvin, où ils passent la nuit.

PAGE DE GAUCHE :
Tabriz garde de son faste passé quelques jolis vestiges, comme les allées en brique de son bazar des tapis.

CI-DESSOUS :
Femmes en tenue traditionnelle venant chercher de l'eau à une fontaine de la ville au début du siècle.

En redescendant des montagnes qui bordent Tabriz, le voyageur découvre les plaines et les vallons cultivés qui bordent l'énorme lac d'Orumieh ; un paysage que Byron n'hésite pas à comparer à celui du Donegal.

PAGE DE DROITE : Les montagnes de l'Azerbaïdjan abritent encore quelques villages typiques comme celui de Kandovan dont la légende dit que les habitations troglodytes servirent de refuge, il y a 800 ans, à des soldats en fuite, qui décidèrent ensuite de s'y installer.

De là, ils s'acheminent à bord d'une deuxième voiture vers le premier objectif de ce voyage, le mausolée de Soltânieh. Cette fois, ce ne sont pas les tarifs du nouveau chauffeur qui froissent la susceptibilité de l'écrivain voyageur, mais sa conduite. L'anecdote est retranscrite par Byron avec la morgue et l'humour grinçant qui le caractérisent et transparaissent de point en point dans son récit. « [...] Lorsque nous abordâmes à soixante kilomètres heure une brusque déclivité et que mon front entra sans douceur en contact avec un montant de bois, je donnai un coup sec dans le dos de l'automédon. L'auto s'arrêta net. Nous enjoignîmes au chauffeur de la faire repartir. Il obtempéra, mais en roulant désormais à une allure d'escargot – dix à l'heure ou à peine plus. Nous lui dîmes d'accélérer. Il obéit encore – pour, quelques centaines de mètres plus loin, revenir à son allure précédente. » S'en suit un dialogue burlesque :

« Christopher : Allez, plus vite !

Le chauffeur : Comment conduire, si vous êtes tout le temps à me taper dessus ?

Moi : Allez, roule !

Le chauffeur : Comment rouler, si l'*aga* [le monsieur en persan] ne m'aime pas ?

Christopher : Conduis en faisant attention. Nous n'avons rien contre toi, mais nous avons horreur de la conduite dangereuse.

Le chauffeur : Mon Dieu, comment conduire, moi ! L'*aga* m'a pris en grippe. Ah, misère ! Ma vie est bien difficile !

Christopher : L'*aga* t'aime beaucoup, je t'assure.

Le chauffeur : Comment peut-il, si j'ai brisé sa tête ? »

La querelle se solde quelques kilomètres plus tard devant un poste de police, où les deux amis font mine de devancer leur chauffeur pour aller porter plainte. Celui-ci craignant de se retrouver dans une situation d'infériorité, compte tenu de la nationalité de ses clients, préfère déclarer forfait et reprendre la route. Cette anecdote en dit assez long sur le relatif statut d'impunité dont disposaient les étrangers à cette époque, même si Byron, à de nombreuses reprises dans son texte, se plaint des tracasseries qu'il doit affronter pour mener son entreprise à bien. On remarquera aussi que notre voyageur, tout empreint d'humanisme et de curiosité, conserve néanmoins quelques travers hérités du colonialisme encore triomphant de ces années d'entre-deux guerres.

Une curiosité grandissante

« Je suis maintenant tellement intéressé par la Perse que je ne veux plus en repartir. »

Après de longues heures passées à rouler entre deux chaînes de montagne, Byron et Sykes arrivent enfin en vue de Soltânieh. Aujourd'hui encore, lorsque l'on voit se profiler cette tour massive, haute de 53 mètres, dans le paysage plat qui borde la route de Zandjân, il est difficile de concevoir qu'elle était jadis le centre d'une ville importante, de la taille de l'actuelle Tabriz. Fondée par les envahisseurs mongols à la fin du XIIIe siècle, la ville de Soltânieh vit l'érection de son mausolée entre 1305 et 1313, sur les ordres du prince Oldjâitu qui voulait y déposer les reliques sacrées d'Ali et de Hossein, respectivement premier et troisième imams de l'Islam chi'ite. Mais les oulémas de Nadjaf, les dignitaires religieux qui détenaient les reliques, refusèrent leur transfert et le mausolée fut finalement dédié à Oldjâitu à sa mort.

Devant ce bâtiment, l'enthousiasme de Byron éclate : « [...] Ce gigantesque témoignage de la splendeur de l'empire mongol incarne la virilité de cette Asie centrale qui a donné naissance, sous les Seljukides, les Mongols et les Timourides, aux plus heureuses manifestations de l'architecture persane. [...] Cette architecture respire la puissance et le contentement, alors que sa descendance ne parvient jamais qu'au raffinement spectaculaire. » Six mois plus tard, au retour d'une expédition vers le sud, avant de quitter définitivement l'Iran pour l'Afghanistan, Byron repassera par Soltânieh

et notera : « Ultime visite au mausolée d' Oldjâitu. C'était le premier grand monument que j'avais vu en Perse, mais je n'avais encore aucun élément de comparaison et je craignais maintenant d'être déçu. Je ne l'ai pas été. »

DOUBLE PAGE PRÉCÉDENTE : La petite ville de Marâqeh possède de très intéressantes tours funéraires dont la « perfection classique », selon Byron, « chargée d'un tel lyrisme, mais en même temps d'une telle force, révèle un nouveau monde à l'Européen ».

De Soltânieh, Byron et Sykes rejoignent Tabriz à bord d'un camion, après une nuit passée à Zandjân. De l'ancienne Tiflis, dont les quartiers traditionnels ont malheureusement été détruits par les bolcheviques en 1908, notre voyageur nous donne une synthèse expéditive : « Des montagnes couleur de peluche, précédées de contreforts citron ; un vin blanc buvable et une bière détestable ; plusieurs kilomètres d'un splendide bazar à voûtes de brique ; enfin un tout récent jardin municipal s'ornant d'une statue en bronze de Marjoribanks drapé dans une cape. »

Il s'attarde néanmoins sur les deux principaux monuments de la ville. En premier lieu les restes de la mosquée Bleue, aujourd'hui partiellement restaurée, dont les céramiques turquoise datant du XVe siècle sont un véritable ravissement. Byron donne ensuite quelques indications succinctes sur ce qu'on appelle communément la citadelle Arg-e Ali Shâh. En fait de citadelle il s'agit d'une porte massive en brique qui n'était qu'une infime partie d'une énorme mosquée construite au début du XIVe siècle. La citadelle connut au XIXe siècle un emploi funeste, les condamnés à mort étaient hissés à son niveau supérieur avant d'être contraints à se jeter dans le vide. Robert, peu respectueux des convenances et du souvenir des condamnés, se contente, pour sa part, de danser une valse avec son compagnon devant le soleil couchant.

CI-DESSUS ET PAGE DE GAUCHE : Au petit village de Arq Boulâq, entre Marâqeh et Miâneh, qui accueillit Byron et son compagnon pendant une nuit, le temps semble s'être arrêté comme figé par l'immensité des montagnes.

De Tabriz à Marâqeh

« Quatre heures de route nous ont conduits jusqu'ici, à travers des paysages qui m'on fait penser au Donegal. »

Les deux hommes repartent donc dès le lendemain de leur arrivée à Tabriz, vers Marâqeh, où les attendent quelques-uns des mausolées de brique crue dont Robert raffole tant. Le premier est le Gonbad-e Kâbud, une tour de brique octogonale ornementée de céramiques, élevée en 1196. Le deuxième mausolée, qu'il trouve par hasard alors qu'il quitte la ville est le Gonbad-e Sorkh, un édifice massif de forme carrée érigé en 1147. Pendant son séjour à Marâqeh, notre voyageur entend aussi parler de l'ancien observatoire, la Rasadkhâneh, bâti par Houlâgou au début du XIIIe siècle sur les conseils du savant Khadje Nassir od-Din Tussi. Il décide ainsi de partir à cheval vers l'emplacement qui lui est signalé à quelques kilomètres de la ville. Mais, parvenu sur le plateau surélevé qui abrite l'observatoire, il est sensiblement déçu, ne trouvant là que « [...] divers monticules vers lesquels convergeaient, venant des quatre points cardinaux, des chemins caillouteux qui se coupent à angle droit ».

Après avoir admiré le magnifique panorama qui permet d'apercevoir le lac d'Orumieh par-delà les chaînes de montagne, Byron et son compagnon découvrent, par chance, une cavité située à mi-pente sous l'observatoire. À l'intérieur se trouvent deux autels taillés dans la pierre, que l'écrivain attribue aux anciens zoroastriens, et de part et d'autre de ceux-ci, des corridors qui s'enfoncent dans la roche. Leur escarpement et certains éboulis rendent aujourd'hui encore leur exploration impossible. On raconte encore de nos jours à qui veut l'entendre que ces excavations permettaient à l'époque de Houlâgou de communiquer avec l'observatoire situé au-dessus et surtout avec la fabuleuse bibliothèque du savant Tussi, qui possédait des milliers de manuscrits précieux.

Le jour suivant, Byron et Sykes sont à nouveau sur le départ. Ils ont décidé de renoncer aux habituels camions et taxis pour rejoindre Miâneh à cheval à travers les montagnes de l'Azerbaïdjan avec l'espoir de faire quelques découvertes architecturales non signalées par les cartes. Ils ont pour unique escorte un serviteur, Abbas, avec lequel ils ont quelques démêlés sur des questions d'argent. La nuit, ils logent dans des villages reculés, enfouis dans les hautes vallées, la plupart du temps chez le chef du village. Au cours de cette excursion, Byron se laisse séduire par la beauté du paysage, qu'il décrit avec précision et la verve d'un peintre : « De petits nuages brillent dans le bleu. Nous accédons, par de lentes pentes, à un paysage d'ondulations brunâtres marquetées de labours rouges et noirs, qui abrite dans ses replis des villages fortifiés gris puis va se briser sur les montagnes lointaines en vagues de collines striées de rose et de citron découvrant, plus loin encore, des rangs pressés de dentelures mauves. Les pics jumeaux de Tabriz nous accompagnent, et une nuée de papillons jaunes nous fait escorte. »

Avant de regagner Miâneh, puis Zandjân et enfin Téhéran, les deux hommes font halte dans un dernier village, Arq Boulaq, où le chef leur raconte que quatre Russes étaient venus dix-sept ans auparavant. Ils étaient les premiers et les derniers « Francs » à être venus jusque-là. Aujourd'hui Arq Boulaq est toujours aussi isolé, et l'étranger qui s'y rend fait autant l'objet de la curiosité des villageois qu'à l'époque de Byron. L'isolement et la sérénité qui règnent sur ces hauts plateaux semblent intacts et le panorama que l'œil embrasse est comme préservé de toute modernité.

De retour à Téhéran le 24 octobre, Robert et Christopher emménagent dans une pension française baptisée Le Coq d'or. Dans une lettre datée de ce jour, le jeune écrivain fait part de son enthousiasme à sa mère concernant ses trouvailles architecturales, tout en prenant conscience de la démesure du pays et du temps nécessaire à son exploration : « Les bâtiments de brique persans sont ce qui m'excite – bien plus que les travaux plus tardifs de céramique. Il n'y a jamais eu

Les bus, présents en Iran dès l'époque de Byron, sont le moyen le plus populaire et le moins onéreux de se déplacer. L'ambiance, sans y être aussi animée que dans les descriptions de l'écrivain, reste conviviale et permet de lier facilement connaissance.

DOUBLE PAGE PRÉCÉDENTE : Vue de l'intérieur de la mosquée du Vendredi à Ispahan et de son splendide *mihrab* sculpté. Byron, après la découverte de telles splendeurs, n'hésite pas à classer Ispahan parmi les lieux d'exception de l'humanité, tels Athènes ou Rome.

CI-DESSUS : Mosquée du Vendredi à Ispahan. « Le matériau même est signe d'économie : petites briques dures, couleur gris souris, absorbant l'ornementation coufique et les incrustations de stuc dans la simplicité puritaine du projet. » (Robert Byron, *La Route d'Oxiane*)

PAGE DE DROITE : Détail de céramiques dans une des parties les plus récentes de la mosquée du Vendredi, dont la construction s'étala sur plusieurs centaines d'années à partir du xe siècle.

un tel emploi de la brique. Ils ont fait avec tout ce que les Hollandais et les Allemands pensent avoir inventé et trouvent si moderne – et bien plus encore. J'aurai certainement à revenir ici je pense, les distances sont si gigantesques que voyager prend un temps certain. Il n'y a pas un endroit qui soit à moins de cent miles d'un autre [...]. » Il convient de remarquer à l'occasion de cette citation que, malgré la distance et la confiance parfois limitée qu'il met dans le courrier, notre voyageur envoie régulièrement des lettres à sa mère, parfois assorties de certains de ses carnets de notes et autres croquis. Une constante que l'on retrouve sur l'ensemble de la vie de l'auteur et de ses voyages, et qui peut déconcerter de la part de cet aventurier téméraire au ton parfois hautain.

À Téhéran, l'emploi du temps de Byron est partagé entre quelques rencontres mondaines, des visites de monuments et des prises de renseignements pour son prochain voyage en Afghanistan. Il est censé attendre « les charbonniers » pour partir, mais lorsqu'il apprend que ceux-ci ont rencontré quelques problèmes techniques du côté de Beyrouth, Byron qui meurt d'impatience de rejoindre Hérat, décide de partir seul et s'achète une voiture. Cet achat lui vaut quelques péripéties d'ordre juridico-administratif qui lui font perdre quatre jours.

Lorsque finalement il réussit à quitter Téhéran, la voiture pour laquelle il s'est tant échiné ne lui permet pas de faire plus de cent kilomètres, le pont arrière a cassé. Comme il est irréparable, c'est en bus que Robert atteind Mashad, non sans que quelques histoires rocambolesques ne surviennent entre quelques pèlerins fraudeurs, leurs femmes et le chauffeur du véhicule. Dans la ville sainte où reposent les restes de l'imam Rezâ, notre voyageur patiente quelques jours encore avant de rejoindre Hérat le 21 novembre. Il reste en Afghanistan jusqu'à la mi-décembre, visite de nombreux sites dont les magnifiques restes de la mosquée que Goharshâd, l'impératrice la plus célèbre de l'histoire des dynasties musulmanes, fit élever à Hérat. Ses amis « charbonniers » ayant pris du retard sur leur programme, et n'ayant pas la possibilité d'explorer le Turkestan seul, Byron, qui a en outre contracté une infection sérieuse à la cuisse, décide de retourner en Perse.

Il compte y poursuivre ses explorations, et patienter jusqu'au printemps, période plus propice au voyage dans les contrées difficiles de l'Asie centrale. Cependant, il n'est pas encore sûr d'avoir les moyens financiers de prolonger à ce point son séjour, car l'avance de son éditeur s'amenuise et ne lui permettra pas de couvrir une telle durée. Après avoir fêté Noël à Mashad en compagnie du consul anglais, il regagne Téhéran le 9 janvier où il demeure près d'un mois. Il en profite pour rendre plusieurs visites à l'ambassadeur afghan Shir Ahmad, assiste à une représentation d'*Othello* en arménien et à une projection d'un film de propagande hitlérienne où il ne perçoit que les « rugissements habituels » et se réjouit de ne pas être allemand. En fait, ses séjours à Téhéran l'ennuient un peu. La ville n'est pour lui qu'un lieu de transit et de repos dont il attend à chaque fois de pouvoir rapidement s'échapper. Cette fois, il doit patienter jusqu'à ce que la route pour Ispahan, alors encombrée par la neige, soit accessible.

Le 8 février, il part enfin en direction du sud. Le voyage, qui dure trois jours, est difficile, la route étant coupée par la crue de certains fleuves. Arrivé à Ispahan, il visite rapidement les principaux monuments de la ville, puis part pour Shirâz qui le ravit : « Le Sud, la bénédiction du Sud ! Cela me procure le même sentiment de joie intense qu'un premier matin sur les bords de la Méditerranée. Un soleil brillant, sans un nuage. Les flèches noires des cyprès se découpant sur les collines coquille d'œuf et le mauve couronné de neige des montagnes lointaines. Des coupoles bulbeuses portées par de hautes tiges jaillissent d'une mer de toits plats. » Après une excursion de quelques jours dans des villages de montagne des environs, et la découverte du site de Persépolis, qu'il juge décevant dans la lettre qu'il envoie à sa mère, Byron regagne Ispahan le 5 mars Il y reste alors presque deux semaines, approfondissant considérablement ses connaissances de la ville et se laissant peu à peu subjuguer par son charme. « La beauté d'Ispahan s'insinue en vous presque à votre corps défendant. Vous roulez à l'aventure entre des rangées de troncs blancs, sous des voûtes de ramilles scintillantes, le long de dômes bleu turquoise et jaune printanier qui s'élancent dans le bleu-violet d'un ciel limpide [...]. Et avant même que vous n'en ayez pris conscience, Ispahan s'est fait indélébile, a silencieusement glissé son image dans cette galerie des lieux à qui chacun voue un culte secret. »

Yazd, trésor du désert

« Tout au long de cette journée, c'est une multitude de trésors qui nous sont apparus, nous laissant au soir presque trop épuisés pour regagner à pied nos pénates. »

Quittant presque à regret les charmes d'Ispahan, Robert Byron prend le chemin de Yazd et de Kermân, deux villes peu fréquentées par les étrangers, dont il a pu lire quelques descriptions dans *Ten Thousand Miles across Persia*, écrit par le major Sykes, trente ans plus tôt. Dans la lettre qu'il envoie à sa mère avant son départ, l'écrivain prévoit de pousser son excursion jusqu'à la ville de Bam située au début du Baluchistân, mais il ne reste aucune trace photographique,

CI-DESSOUS :
À Yazd, la façade de la mosquée du Vendredi, en ruine lors du passage de Robert, est aujourd'hui magnifiquement restaurée.

CI-CONTRE ET PAGE DE DROITE :
Vues des toits de Yazd, l'entrée d'une citerne à eau et les ruelles étroites de la vieille ville qui se resserrent pour mieux échapper à la chaleur écrasante du désert.

DOUBLE PAGE SUIVANTE :
Vues générales de Yazd. « La ville naît du désert, et les hautes prises de vent, témoins de l'étouffante chaleur ambiante, apparaissent comme la seule forêt qu'aurait pu engendrer le désert. » (Robert Byron, *La Route d'Oxiane*)

ni commentaire de cette hypothétique visite. Le long de la route, le désert persan, qu'il s'était jusqu'à présent contenté de longer, lui apparaît « plus vaste, plus noir et plus froid que tout autre désert au monde ». Les seuls reliefs qui émergent de cette étendue plate sont les cheminées d'aération des *qanâts*. Ces canalisations souterraines permettent d'acheminer l'eau depuis les hautes montagnes vers les plaines pour irriguer les cultures.

Arrivé à Yazd, Byron, ayant omis de prévenir les autorités de son départ, ne possède pas de lettre d'introduction et s'inquiète de savoir s'il pourra visiter librement la ville. Par chance, son accompagnateur persan, Ali, entretient les meilleurs rapports avec le gouverneur qui laisse Byron libre de ses mouvements. Possédant peu de renseignements sur Yazd, l'écrivain se hisse sur une des hauteurs afin de se faire une idée de la topologie des lieux qui le séduisent aussitôt. Parmi les bâtiments décrits par son prédécesseur, le major Sykes, Byron est surtout frappé par la mosquée du Vendredi, dont le portail s'élève à plus de trente mètres au-dessus des toits, et qu'il range sans hésiter aux côtés des magnificences de Hérat. Construite au XIVe siècle sur l'emplacement d'un ancien temple du feu, la mosquée du Vendredi possède les deux minarets les plus hauts d'Iran, et un ensemble de mosaïques dans les dominantes bleues d'un raffinement exquis.

Dans le dédale des ruelles où il s'enfonce ensuite, Byron découvre derrière d'anodins murs de brique et de pisé de nombreuses merveilles : des coupoles décorées d'inscriptions coufiques , une mosquée du XIVe siècle, la Masjed-e Vaqt o Sâhat, et un mausolée, celui des Douze Imams, datant du XIIe siècle et sur les murs duquel une frise de trois lignes déploie les noms des douze imams chi'ites.

À l'époque où Byron effectue son voyage, Yazd ne compte qu'une avenue, toute récente, qui perfore sa structure labyrinthique ; ce dont semble se réjouir notre voyageur. Depuis,

CI-DESSOUS : Artisan fermant un sac de henné, dont la fabrication traditionnelle est un monopole de la ville.

PAGE DE DROITE, EN HAUT : Femmes zoroastriennes reconnaissables à leurs tchadors de couleur.

PAGE DE DROITE, EN BAS, DE GAUCHE À DROITE :

Portrait de Zoroastre.

Dans la salle d'un temple en activité, le brasero où des charbons de cèdre se consument lentement sous les cendres en attendant d'être ravivés par le *mo'bed* (le prêtre), lors des cérémonies ou des prières.

Flamme éternelle brûlant dans une petite soucoupe d'huile.

d'autres voies ont malheureusement été ouvertes dans des quartiers historiques et, tout récemment encore, dans les quartiers zoroastriens. Yazd possède en effet la plus forte communauté zoroastrienne d'Iran.

Les descendants de Zoroastre

« Hâfez, si lors du Dernier Jour,
Tu tiens une coupe à la main
Passe donc par les temples guèbres :
Du Paradis c'est le chemin. »

Ceux qu'on appelait jadis les guèbres, ou encore les adorateurs du feu, ont trouvé refuge ici, après les persécutions particulièrement violentes dont ils firent l'objet à la fin du siècle dernier. Ils prirent même soin de déplacer le feu éternel sacré, auparavant implanté à Shirâz, dans un nouveau temple, construit pour l'occasion à Yazd, en 1940. Byron, comme la plupart des voyageurs européens de ce début de siècle, ne témoigne pas d'un grand intérêt, ni d'une connaissance approfondie de la religion zoroastrienne et de ses adeptes. Tout juste se contente-t-il de donner une description succincte d'une procession funéraire à laquelle il assiste par hasard. Le major Sykes, plus curieux que Byron à ce sujet, note : « Bien que partant des mêmes idées de base que l'hindouisme, elle [la religion zoroastrienne] évita le panthéisme, et évolua en une religion si proche du monothéisme, que le zoroastrisme trouve une place certaine aux côtés du judaïsme, du christianisme et du mahométisme, dans la pureté de son credo. » En partie justes, les remarques du major sont toutefois un peu réductrices. La religion du prophète Zoroastre, qui naquit dans les montagnes de l'Elbourz quelque sept cents ans avant Jésus-Christ, est en fait la première religion monothéiste qui soit apparue. Son influence sur les autres religions, particulièrement sur l'Islam chi'ite, est considérable, et les premiers chrétiens ne furent pas insensibles à certains préceptes des mages zoroastriens qui entrèrent par la suite de plain-pied dans la religion biblique sous la forme des Rois mages.

Dans les quartiers zoroastriens ou dans les villages des environs de Yazd, outre une quiétude des plus agréables, le visiteur sera certainement frappé par la présence des femmes qui « [...] portent les anciens vêtements persans multicolores [...] extrêmement pittoresques » et tranchent avec l'austérité des tchadors noirs musulmans. Le major Sykes confesse même que la « vue de leurs visages resplendissants est presque un cadeau dans un pays où le voile est encore une pratique répandue ».

Deux jours après son arrivée à Yazd, Byron reprend la route en direction de Kermân à bord d'un camion. Sa première visite est pour le mausolée de Djebel-e Sang, aussi appelé Gonbad-e Jabalieh, qui est situé à l'extérieur de la ville. D'une apparence rustique, ce bâtiment octogonal, dont Byron pense qu'il fut érigé au XIIe siècle, se distingue par sa construction en pierre et non en brique. Des recherches postérieures à la visite de notre écrivain permettent de penser que son édification remonte en fait au deuxième millénaire avant Jésus-Christ, et qu'il fut utilisé par les zoroastriens jusqu'à la conquête arabe.

Poursuivant son exploration de la ville, Byron s'attarde un moment à la mosquée du Vendredi construite au XIVe siècle, dont il admire les mosaïques qu'il attribue à tort à des maîtres yazdis. Il se rend ensuite à la Madresse Gandj-e Ali Khân, une école coranique, sur laquelle il a un jugement plutôt sévère, ne goûtant guère aux influences multiples de la période qâdjâr. Du bazar et des quelques autres rares monuments de la ville, Byron ne parle pas.

Dès le lendemain, l'écrivain quitte Kermân pour se rendre à Mâhân, dont son ami Christopher gardait un souvenir ému. Cette oasis, de taille moyenne, est en effet l'une des premières haltes accueillantes lorsqu'on vient de l'Inde par la terrible route du Baluchistân.

À l'extérieur de Yazd, l'une des fameuses tours du Silence où les zoroastriens, après avoir fait des offrandes de fruits et de fleurs, portaient les corps de leurs défunts afin qu'ils soient déchiquetés par les vautours. Interdit par les autorités en Iran, ce rite continue d'être pratiqué par les minorités *parsies* de Bombay en Inde.

De Kermân à Mâhân

« Tandis que le soleil couchant zèbre de flèches rouges le ciel gavé de sable, tous les oiseaux de la Perse se sont réunis pour un dernier récital. »

Parvenu dans la petite ville, notre écrivain se dirige immédiatement vers le sanctuaire de Shâh Nur od-Din Nematollâh Vali, qui lui apporte, après la fournaise du voyage, « un soudain répit [...] la bénédiction de l'eau et du bruissement des feuilles ». Sur place, il est guidé par l'un des derviches qui vivent là et suivent les préceptes du maître Nematollâh. Celui-ci naquit à Alep en 1331 et vécut près de cent ans, effectuant de longs séjours en Irak, à La Mecque, à Hérat et à Samarqand, pour finir ses jours à Mâhân. Poète, sage et *soufi*, il fonda l'ordre des nematollâhis, qui compte encore de nombreux adeptes en Iran. Cette pratique mystique et marginale de l'Islam chi'ite repose sur le déracinement et la quête, par la patience et la tolérance, d'un retour à l'origine après la mort.

Byron passe une nuit particulièrement mouvementée dans le sanctuaire, loin de la tranquillité mystique des disciples. Une imposante colonie de grenouilles n'a eu de cesse de coasser toute la nuit et des chats sauvages s'en sont pris à ses bagages.

Abandonnant son projet initial de se rendre à Bam pour y admirer la forteresse décrite par le major Sykes, il prend rapidement le chemin du retour, repassant par Yazd et Ispahan, avant de rejoindre Téhéran au début d'avril.

Dans la capitale, où il loge à la légation anglaise, l'atmosphère est un peu tendue. L'un des opposants du shâh a été assassiné en prison et les autorités menacent Christopher d'être renvoyé du pays sous prétexte qu'il parle avec les paysans. Malgré cela, certaines des subtilités de la vie persane, pour ne pas parler de complications, échappent encore à Robert. Son compagnon de

voyage dira d'ailleurs de lui dans ses mémoires que celui-ci, en Iran, « [...] se sentait dans une atmosphère inconfortablement nouvelle bien que familière. Je voyais aussi l'intense effort mental qui lui coûta d'oublier une bonne partie de ce qu'il avait appris en Inde et de le remplacer par la compréhension de cette société avenante bien que formellement sévère dans laquelle il s'était égaré ».

Les rigueurs de l'hiver sont passées et Macmillan a accordé à Robert un budget supplémentaire. L'écrivain est donc à nouveau impatient de repartir pour l'Afghanistan afin de compléter ses recherches. Des quelques jours passés à Téhéran avant son départ, il ne retient que peu de choses : les quelques visites à l'ambassadeur afghan Shir Ahmad, la découverte du *zour khâneh*, la maison de force, une sorte de gymnase traditionnel persan qu'il nous décrit précisément. « Le centre de la salle est occupé par une fosse d'environ un mètre de profondeur sur dix de côté. [...] Là se trouvaient une douzaine d'hommes de tous âges, uniquement vêtus d'une serviette nouée autour de la taille, complètement allongés sur le ventre : les *pahlevan*. [...] Ce fut ensuite le maniement des massues, un homme à la fois, une massue dans chaque main – chacune si lourde que je parvins tout juste à en arracher une du sol en y employant mes deux bras. Suivirent d'autres exercices corporels. Puis ce fut le tournoiement, bras tendus horizontalement, à une vitesse telle que je pouvais percevoir simultanément les deux profils de l'athlète. Pendant ce temps les musiciens ne cessaient de jouer... » Le 22 avril, après une dernière visite à Soltânieh pour laquelle son émotion reste intacte, Robert se met en route pour son dernier voyage en Perse, accompagné de Christopher, qui a réussi à se sortir des griffes du gouvernement.

Cette fois, pour regagner Mashad, Byron emprunte la route moins fréquentée qui traverse le Turkmenistan persan. Cet itinéraire

CI-DESSUS :
Le Djebel-e Sang, un édifice situé à la périphérie de Kermân que Byron visite avec la seule calèche de la ville, visible sur la photographie. En piteux état lors du passage de l'écrivain, le bâtiment a bénéficié d'importantes restaurations.

DOUBLE PAGE SUIVANTE :
La ville de Kermân est célèbre pour ses hammams, qui furent construits au XVIIe siècle. Ils possèdent de nombreuses fresques et céramiques figuratives dont les sujets sont souvent inattendus.

Mâhân

Le mausolée de Nematollâh, à Mâhân, est un havre de paix qui accueille la communauté des *soufis* nematollâhi depuis le XVe siècle. Byron est séduit par ce sanctuaire, où « les coussins pourpres des arbres de Judée et les confettis de floraisons précoces se reflètent dans un long bassin ».
(Robert Byron, *La Route d'Oxiane*)

« La cour suivante abrite un autre bassin, au plan cruciforme et entouré de parterres d'iris fraîchement plantés. [...] Au milieu luit un dôme bleu parcouru d'entrelacs noirs et blancs, flanqué de deux minarets bleus. »
(Robert Byron, *La Route d'Oxiane*)

doit lui permettre de découvrir enfin la tour de Gonbad-e Kâvus, cette merveille d'architecture qui fut à l'origine du périple de *La Route d'Oxiane* : « Ce qui avait décidé de mon voyage en Perse, c'était l'image, commentée par Diez, du Gonbad-e Kâvus, et j'aurais alors volontiers échangé tous les édifices du pays contre le spectacle de ce seul mausolée. » Mais la zone est fortement militarisée, et il n'est pas sûr de parvenir à ses fins.

Le voyage commence mal, car les deux hommes doivent affronter une tempête de neige qui manque de bloquer le passage vers le nord du pays. Heureusement, après cet épisode désagréable et pour le moins inattendu à cette saison, les vallées verdoyantes du Mâzandarân succèdent aux habituelles montagnes pelées qui recouvrent la majeure partie de l'Iran. Byron transmet son étonnement à sa mère : « Tu n'as jamais vu changement plus radical – la totalité de la Perse est un désert – mais au nord de l'Elbourz s'étendent de gigantesques forêts – tout cela se passe en une demi-heure », tout en laissant filtrer une pointe de nostalgie pour sa patrie lointaine « la bande côtière ressemblait à l'Angleterre, des champs avec des haies, des mûres et des orties, etc. »

Les versants nord et sud de l'Elbourz offrent un contraste saisissant. En l'espace de quelques kilomètres, des paysages verdoyants, qui annoncent la mer Caspienne, succèdent aux pentes arides qui entourent Téhéran.

La première étape du voyage est Sâri. Suite à la construction de la ligne de chemin de fer, qui traverse la steppe en vue de relier la Perse au Transsibérien, la ville connaît à cet époque un certain développement. Robert la trouve moderne et sans âme, et part aussitôt pour Behshar. Au passage il écorne une fois de plus le prestige de Rezâ Shâh en donnant un commentaire mordant de ce tout nouveau projet ferroviaire : « Le bénéfice économique sera nul, ou presque. Les impositions nécessitées par la première tranche de trois cents kilomètres privent déjà les paysans de leurs deux seuls luxes – le thé et le sucre. Mais la raison d'être du projet est bien plus psychologique qu'économique. C'est une question de fierté nationale. C'est, pour le Persan moderne, une occasion rare de redonner un peu de vigueur à cet invincible vanité qui, depuis deux mille ans, ne se nourrit que des hauts faits de Darius. »

Un autre monde

« Quel que soit le lieu où ce style a vu le jour – Perse, Inde ou Bactriane –, il ne s'accommode vraiment que d'un paysage désertique. Ici, s'inscrivant dans un décor d'herbe et de fougères arborescentes, il a quelque chose d'un peu forcé... »

À Behshar, où il attend de pouvoir charger sa voiture sur le tout nouveau train afin de regagner Gorgân, Byron visite un petit palais construit par Shâh Abbâs au XVIIe siècle. Aujourd'hui propriété de l'armée, qui a installé dans les anciens jardins un ensemble de radars, le palais est interdit à la visite et nous devons nous contenter des descriptions de l'écrivain pour imaginer les lieux. « De loin, le palais, juché sur une colline boisée, ressemble assez à un castel anglais. Mais il est en fait tout petit, son revêtement de faïence est grossier, et il témoigne de l'incapacité à utiliser convenablement un espace donné – espace qu'offrent généralement les constructions séculaires persanes. Son originalité tient à ce que, par une étrange coïncidence, les fenêtres sont d'un type que Ruskin emprunta aux palais florentins du Quattrocento pour l'acclimater dans les faubourgs d'Oxford. » Il convient une fois de plus de tempérer le jugement sévère énoncé par Byron sur les qualités architecturales de ce palais. L'écrivain s'est fixé une optique très précise pour ce voyage en Perse, dont il ne

Le Mâzandarân est une région de forêts et de rizières qui regorgent de plantes aromatiques et médicinales très appréciées par les Iraniens. Consommées fraîches là où elles sont ramassées, ces herbes sont séchées et empaquetées, comme dans cette herboristerie située dans un village des environs de Sâri, afin d'être utilisées plus facilement en toutes saisons.

Pendant des siècles, le son des sabots de leurs chevaux a fait frémir les habitants des villages isolés et les membres vulnérables des caravanes traversant la steppe. Les Turkmènes avaient alors la fâcheuse tendance d'être synonymes de massacres et de razzias. Aujourd'hui, les anciens démons d'Asie centrale sont encore en partie nomades, mais se consacrent désormais uniquement à l'élevage.

démord jamais au long de son séjour, et qui lui interdit notamment d'apprécier la plupart des bâtiments, pourtant magnifiques, des XVIIe et XVIIIe siècles. À ce sujet, son compagnon Christopher Sykes relate d'ailleurs une anecdote amusante : « Je me souviens d'un matin à Ispahan où, à contrecœur, il se sentit obligé de photographier un bâtiment safavide ; l'appareil photo et le trépied étaient installés dans les jardins d'un ancien palais, et je l'aidais à classer ses notes [...] je lui ai demandé de prendre une photographie de la Porte Royale et du Balcon (Âli Qâpu) pour moi. Il le fit, de derrière. Il n'y avait rien sur terre qui puisse le forcer à ce moment ou à un autre pour photographier cet étonnant modèle d'architecture décorative de face. » Un témoignage que semble contredire le fonds photographique, où l'on retrouve pourtant le monument en question. Sans doute Byron, devant l'insistance de Sykes, et dans l'hypothétique dessein de quelque article se résolut-il tardivement à effectuer ces quelques clichés qui le rebutaient tant, lorsqu'il repassa seul par Ispahan après son escapade vers Kermân.

Après le court intermède ferroviaire qui le mène jusqu'à Bandar-e Shâh, l'actuel Bandar-e Torkman, situé sur la mer Caspienne, Byron apprend avec soulagement qu'il est autorisé à se rendre à Gonbad-e Kâvus, et même à rejoindre Mashad par la route de la steppe via Bodjnurd. La nouvelle le comble de joie et il s'élance avec ravissement sur une « piste bordée d'échaliers [où de] hauts roseaux masquaient tout à la vue ».

Les marches de la steppe

« Du sol s'élevait une odeur d'herbe tendre, comme on en respire en Angleterre, au moment de la fenaison. »

Rapidement, il débouche dans « la steppe – un éblouissant, un aveuglant océan verdoyant. Je n'avais encore jamais vu cette qualité de vert. Dans les autres verts – vert d'émeraude,

de jade ou de malachite, vert profond et tranché de la jungle du Bengale, vert frais et triste de l'Irlande, vert salade des vignobles méditerranéens, vert plein et épanoui des hêtres anglais en été — il y a toujours, en sous-dominance, une trace de bleu ou de jaune. Mais ici, c'était le vert dans son essence pure et inaltérable — couleur de la vie même. »

La végétation est tellement haute et les habitations si rares, que les deux hommes manquent de points de repère pour évaluer les distances et se faire une idée de la démesure du paysage qui les environne. Ils doivent se contenter des indices fournis par les « *kibitkas* au toit blanc, semées comme des champignons à la surface d'un gazon » des nomades turkmènes, ou par les « troupeaux en marche, juments accompagnées de leurs poulains, moutons noirs et bruns, vaches et chameaux ». Cependant « les chameaux induisaient en erreur contraire : ils paraissaient si grands qu'il fallait faire un nouvel effort pour ne pas voir en eux d'étranges monstres antédiluviens ». Très impressionné par le nombre de campements, notre voyageur ne voit bientôt plus dans le paysage qu'une gigantesque carte mouvante aux couleurs féeriques. Le véhicule des deux hommes arrive ensuite au bord de la rivière Gorgân, dont les courbes alanguies s'enfoncent en profondeur dans l'épais manteau de verdure de la steppe. Dans l'entrelacs de pistes qui quadrillent cette vaste étendue de cultures, il leur est parfois difficile de choisir leur chemin, et ils doivent s'en remettre aux quelques caravanes qui circulent dans les parages. Byron est sous le charme des vêtements colorés des nomades turkmènes, « les femmes en chintz rouge fleuri, les hommes en rouge uni ou, plus rarement, vêtus de somptueuses soieries multicolores brodées de zigzags ».

Alors que la présence des montagnes de l'Elbourz se fait moins écrasante et que la steppe se déploie avec majesté vers l'Asie, Byron distingue, à plus de trente kilomètres de

Les briques, larges et minces, ont gardé des arêtes aussi vives qu'à leur sortie du four, de sorte que, tout au long de chaque redan, l'ombre s'oppose à la lumière, comme tranchée au couteau.

CI-DESSUS : Ne pouvant poursuivre sa route au-delà de Gonbad-e Kâvus, Byron est encore contraint de traverser la chaîne de l'Elbourz et se retrouve, une nouvelle fois, confronté aux paysages arides des hautes vallées d'altitude.

PAGE DE DROITE, EN HAUT : La Târikkhâneh, considérée comme la plus ancienne mosquée d'Iran.

PAGE DE DROITE, EN BAS : Détail de la tombe circulaire des Tchehel Dokhtarân, avec sa magnifique frise de briques de terre crue, tout à fait typique de cette architecture dépouillée qui plait tant à Byron.

distance, un « cylindre de brique café au lait s'effilant vers le haut [qui] s'élève, à partir d'un socle rond, vers un toit pointu de couleur gris vert qui le coiffe comme un éteignoir d'église ». Il lui faudra encore patienter une bonne heure avant de parvenir au pied du monticule artificiel d'où s'élance la tour de Kâvus, d'une hauteur de 51 mètres, dont la modernité et la pureté sont sidérantes pour un bâtiment de la fin du Xe siècle. La description enflammée de Byron, qu'il cherche à atténuer dans un commentaire postérieur à la rédaction de son journal, nous permet d'imaginer l'état d'excitation fébrile dans lequel il se trouvait lors de cette rencontre tant attendue : « Mille ans durant, ce phare a rappelé l'existence du souverain [Kâvus] et le génie de la Perse aux peuples nomades de la mer d'Asie centrale. Aujourd'hui, il a un public plus vaste, sommé de se demander comment la brique, au début du deuxième millénaire de notre ère, a pu engendrer un monument plus héroïque et un jeu des surfaces et de l'ornementation plus heureux que tout ce qui a pu depuis se fabriquer dans le même matériau. »

Construite sur les ordres de Shams ol-Ma'ali Kâvus ibn-e Woshmguir Al-e Ziyar, un tyran cruel passionné de poésie qui régna sur la province du Mâzandarân à la fin du Xe siècle et au début du XIe siècle de notre ère, la tour abritait certainement à l'origine la dépouille du souverain. La petite fenêtre, orientée vers l'est et située à environ 45 mètres du sol, semble confirmer l'hypothèse largement admise selon laquelle le corps du défunt reposait dans un sarcophage de verre suspendu en haut de la tour, face à cette ouverture. D'après certains manuscrits anciens, il est permis de penser que le cercueil fut enlevé dès le XIIe siècle. Toutes les recherches entreprises jusqu'à maintenant pour retrouver trace des restes du souverain se sont soldées par des échecs. La tentative la plus intéressante est sans doute celle d'un groupe d'archéologues russes, qui entreprirent à la fin du XIXe siècle de creuser à l'intérieur de la tour. Ayant excavé le sol jusqu'à 17 mètres, ils ne trouvèrent ni tombe ni trésor, mais constatèrent avec étonnement que les fondations de brique de la tour continuaient à s'enfoncer dans le sol.

Malgré toute l'admiration qu'il éprouve pour la tour, Byron n'en garde pas moins le tempérament facétieux qui fait tout son charme, et s'empresse de profiter des qualités acoustiques du bâtiment pour entonner un classique anglais, le *Arrow*.

Malheureusement pour les deux hommes, la joie procurée par la découverte du mausolée de Kâvus sera de courte durée. Le gouverneur leur apprend que la route qui rejoint Mashad par Bodjnurd est impraticable en raison de pluies abondantes ayant entraîné des éboulements de terrain. Un temps, ils pensent rejoindre à cheval, par la montagne, la ville de Shâhroud, située de l'autre côté de l'Elbourz, sur l'autre route qui conduit à Mashad, pendant que leur véhicule effectuera le détour nécessaire pour les rejoindre. Mais l'absence de chevaux les contraint finalement à faire marche arrière jusqu'à Bandar-e Torkman.

Quelques contretemps

« Au fil des kilomètres, la route n'était qu'un fleuve, le désert un flot continu, et chaque montagne une cataracte. »

À Bandar-e Torkman, ils concluent un arrangement avec le chef de gare pour charger leur voiture dès le lendemain matin et regagner Sâri. Cependant, à leur réveil, malveillance ou incompétence, le chef de gare ne les prévient pas et le train part sans eux. Très tendus par leur voyage et ses nombreux contretemps, les deux hommes explosent de colère et frappent le chef de gare fautif. Aussitôt, des soldats s'interposent, les immobilisent, puis les enferment dans la prison de la ville. L'incident est suffisamment grave pour que les militaires menacent d'entamer des poursuites, ce qui compromettrait sérieusement leur voyage vers l'Afghanistan.

La situation finit par se rétablir, au dernier moment, comme souvent en Iran, grâce à l'appui providentiel d'un ingénieur ferroviaire allemand qui solde l'affaire par une poignée de main échangée entre les deux Anglais et le chef de gare.

Parvenus à Sâri par le train du lendemain, Robert et Christopher reprennent leur voiture et s'élancent sur les lacets sinueux et glissants en direction de Semnân. La route est dangereuse, et dans un virage, ils sont percutés par un camion. Manquant de s'écraser au fond du ravin en contrebas, ils se tirent de cet accident sans trop de casse. La voiture n'a rien, seule la valise de Robert s'est transformée « en un mince sandwich bleu d'où s'étaient trouvés expulsés vêtements, pellicules photographiques et papier à dessin ». Dans la longue lettre qu'il envoie à sa mère depuis Mashad le 2 mai, Byron est encore plus précis et estime à 15 £ le prix de ses pertes en matériel photographique, tout en remerciant le sort d'avoir épargné les vues prises à Gonbad-e Kâvus. Il demande aussi à son père de bien vouloir vérifier si l'assurance souscrite au début de son voyage peut encore couvrir cet accident.

Après une nuit à Semnân, les deux compagnons repartent de bon matin pour Dâmqân. Mais une fois de plus, le sort s'acharne. À peine ont-ils parcouru une trentaine de kilomètres que l'essieu arrière de la voiture se rompt, les obligeant

« La matinée était à peine avancée, comme on se trouvait en plein Ramadan – ce qui signifie que personne n'est levé avant midi – je pris, sans en référer à personne, un cheval qui me conduisit à Bastâmi, petite localité assoupie sur la route d'Asterâbâd. »
(Robert Byron, *La Route d'Oxiane*)

à patienter près de cinq heures avant que la réparation ne soit effectuée.

Lorsqu'ils reprennent la route, celle-ci est littéralement engloutie sous les trombes d'eau qui s'abattent de façon ininterrompue. Après avoir franchi un premier torrent grâce à l'aide de villageois qui les délestent au passage de quelques billets, s'être envolés par-dessus une fondrière qui manque de rompre l'essieu avant de la voiture, Byron et Sykes parviennent enfin à Dâmqân. Du vin et des cigares les aident à oublier leurs mésaventures en compagnie d'une de leur connaissance, Pybus. Ce dernier, plus malchanceux encore qu'eux, a dû abandonner son véhicule neuf et non assuré au fond d'un fleuve à quelques kilomètres plus avant, sur la route de Mashad.

Un mausolée paisible

« La tombe – datant du XIVe siècle – de Bâyazid-e Bastâmi avait un air si rustique, [...] que la richesse des sculptures du *mirhab* en stuc fut pour moi une surprise. »

Lors de son premier voyage vers la ville sainte, Byron avait pris le temps de visiter les bâtiments de Dâmqân. Il avait commencé par les deux tours funéraires datant du XIe siècle, dont il ne cite pas les noms, et qui sont vraisemblablement le Pir-e Alamdâr, et la tour des Quarante Filles. Le premier de ces deux mausolées est un ravissant bâtiment cylindrique surmonté d'un toit renflé et pointu qui rappelle le sommet d'un casque turc. L'intérieur très sobre de ce bâtiment possède une magnifique frise coufique d'un bleu intense. Le deuxième mausolée, également cylindrique et coiffé d'une coupole en forme d'oignon, arbore une belle décoration de brique en façade. Son nom de Quarante Filles reste partiellement une énigme, et tient sans doute simplement au fait que le chiffre quarante porte bonheur chez les Persans.

Ensuite, notre voyageur s'était rendu à la magnifique Târikkhâneh, appelée aussi la mosquée aux quarante colonnes. Considérée comme l'une des plus vieilles mosquées d'Iran, ce bâtiment construit aux alentours de 775 après Jésus-Christ, porte encore toutes les traces de l'influence sassanide, avec ses quatre *ivans* et son déambulatoire à larges colonnes et hautes voûtes cintrées. Byron passa un certain temps à prendre des photographies au grand dam des policiers, de « braves garçons [qui] prenaient leur mal en patience tandis [qu'il s'obstinait] à retarder par [sa] présence l'heure de leur déjeuner ».

Cette fois, désireux d'arriver au plus vite à Mashad, Byron n'a pas le temps de flâner entre les « colonnes rondes et trapues » qui lui font penser à « une église normande de village anglais » et repart dès le lendemain pour Shâhroud, puis Abbasâbâd.

Là encore, les descriptions détaillées qu'il livrait quelques mois auparavant, comme celle du sanctuaire de Bâyazid-e Bastâmi, semblent lointaines et cèdent le pas à des considérations purement matérielles : « La pluie continuait. Un peu après Shâhroud, nous sommes entrés dans une zone de sables meubles qui venaient se coller en couche épaisse sur le pare-brise, m'obligeant à conduire la tête passée à la portière, mais toujours à plus de cinquante kilomètres à l'heure – sans quoi c'était l'enlisement. »

Malgré ces déconvenues, Byron conserve son sens de l'humour et note le même jour, depuis l'hôtel où il se repose, que son ami Christopher « a acheté une blouse rouge dont il fait autant de cas que si elle portait la griffe de Schiaparelli ».

Après une nouvelle journée de voyage, Byron et Sykes arrivent enfin à Mashad où Mrs. Gastrell, la femme du consul, les accueille avec cette phrase bien déplacée pour les deux hommes exténués : « Juste à temps pour ouvrir le bal. » Ils sont néanmoins dans l'obligation de revêtir les déguisements que celle-ci leur trouve afin de participer au bal costumé

Détail de la coupole conique du mausolée de Bâyazid-e Bastâmi, dont le bleu intense des céramiques a défié le temps depuis le XIVe siècle.

donné le soir même. Byron prend donc rapidement les traits d'une femme de ménage, tandis que Sykes enfile les oripeaux d'un sheikh arabe. Une occupation que l'écrivain trouve bien légère lorsqu'il reprend ses notes pour rédiger son récit. Alors que, dans la lettre qu'il expédiait le lendemain à sa mère, il semblait très content de retrouver cette joyeuse compagnie, il cherche dans *La Route d'Oxiane* à la tourner en dérision, ne voulant pas paraître trop superficiel aux yeux de ses lecteurs : « Faut-il croire que l'Indian Political Service se déplace à travers l'Asie avec tout un attirail de malles à déguisements ? Mrs. Gastrell était une négresse en collant noir et chapeau claque ; Gastrell, qui mesure un peu plus de deux mètres de haut, dansait un branle écossais en Barbe-Bleue drapé d'or et chapeauté de castor céruléen... »

Vue de la coupole dorée du mausolée de l'imam Rezâ à Mashad, depuis la cour principale (ci-dessus) et de l'intérieur de l'*iwan* principal de la mosquée de Goharshâd (page de droite). Le sanctuaire est le premier lieu de pèlerinage chi'ite d'Iran. Outre ses deux mosquées principales, il possède de nombreuses cours et autres bâtiments qui communiquent entre eux, et où les fidèles peuvent se recueillir en toute sérénité.

La semaine qu'ils passent à Mashad permet à Robert et Christopher de se reposer avant les nouvelles difficultés qu'ils s'attendent à rencontrer sur les routes d'Afghanistan. Ils occupent leur journée à la visite de monuments et de personnalités.

Le consul afghan leur apprend notamment que les autorités de son pays ont décidé de reconstruire l'ancienne ville de Balkh, située à une vingtaine de kilomètres de Mazar-e Charif. Lorsque le jeune Anglais s'étonne de cette décision, le consul lui répond que « Balkh était une ville historique, le berceau de la race aryenne ». Ce à quoi, Byron, très au fait des enjeux géopolitiques et des mentalités de la région, ajoute avec beaucoup de clairvoyance : « L'Allemagne ne me semble pas étrangère à la propagation de ce nouveau délire. Il y a seulement un an, les Afghans affirmaient bien haut qu'ils étaient des Juifs : les tribus perdues d'Israël. Mais rien n'est trop fantastique pour le nationalisme asiatique. »

Une fois les environs explorés, la tour de Radkan et le mausolée du poète Ferdoussi visités, Byron, toujours bouillonnant et intrépide lorsqu'il s'agit de percer quelque secret architectural, décide de s'attaquer à l'impossible, le mausolée de l'imam Rezâ et la mosquée attenante de Goharshâd. À cette époque, bien que Rezâ Pahlavi ait décidé de libérer son pays de « l'obscurantisme religieux » et d'ouvrir certaines mosquées et écoles coraniques aux non-musulmans, les portes du sanctuaire de l'imam Rezâ, aux mains de croyants fervents qui échappent aux contrôles de l'État, restent closes aux infidèles du type de Byron, surtout lorsque leur visage est « assorti d'une moustache blonde et d'yeux bleus ».

La ville des pèlerins

« Étant plus ou moins intact, [le sanctuaire de Mashad] représente sans doute la plus splendide manifestation de la couleur que puisse offrir l'ensemble de l'architecture musulmane. »

Pour mieux comprendre l'importance de ce lieu et des interdits qui pèsent sur lui, il convient de plonger dans son histoire. L'emplacement du sanctuaire date du IXe siècle de notre ère. Le calife sunnite Ma'mum y fit alors enterrer le corps du saint imam martyr Rezâ, mort pour certains d'une indigestion de raisins, et pour les autres d'un empoisonnement ordonné par ce même calife. Les pèlerinages et processions de musulmans chi'ites commencèrent apparemment dès cette époque, et ce qui n'était encore qu'un village devint peu à peu une ville importante. D'invasions en pillages, le sanctuaire fut détruit de nombreuses fois jusqu'au XVe siècle, où l'un des fils de Tamerlan, Shâhrokh, décida de l'élargir. Sa femme, la très pieuse Goharshâd, l'une des femmes les plus puissantes et les plus brillantes de l'histoire de l'Islam, fit ériger la splendide mosquée qui porte son nom. Au cours des siècles qui suivirent, le sanctuaire connut encore d'autres vicissitudes, la dernière en date ayant été le bombardement de sa coupole dorée par les Russes en 1912. Mais la ferveur populaire et le

soutien des monarques ont toujours permis la restauration et l'entretien du lieu.

D'autant plus qu'au XVIIIe siècle, Nader Shâh, qui voyait d'un mauvais œil les offrandes des pèlerins chi'ites regagner l'escarcelle de ses voisins irakiens à Kerbala, où est enterré l'imam Hossein, alla plus loin que ses prédécesseurs et décida de faire du mausolée de l'imam Rezâ le premier lieu de pèlerinage chi'ite.

Toutes ces raisons expliquent en partie que les infidèles ne fussent pas admis à l'intérieur de l'enceinte sacrée. Aussi, la première fois qu'il avait séjourné dans la ville, Byron s'était-il contenté, « escorté par un malheureux policier, [de passer] la matinée sur un certain nombre de toits à examiner à la jumelle le mausolée depuis des points de vue situés à l'extérieur de l'avenue circulaire ». Il avait ainsi pu dénombrer « trois cours principales, chacune dotée de quatre *ivans* (aucun autre mot ne saurait exactement rendre compte de ces immenses portiques à ouverture ogivale qui sont la marque distinctive de l'architecture des mosquées persanes) » et admirer « de loin, le revêtement de faïence [qui] fait penser à du chintz ». S'accommodant de cette observation à distance, car il ne se sentait pas suffisamment en forme pour braver l'interdit, Byron s'était alors rabattu sur le paisible mausolée de Khâdjeh Rabi, où il était resté « à peindre et à dessiner, en paix avec le monde, aussi longtemps que le permettent les courtes journées d'hiver ». À contempler les faïences colorées de ce bâtiment octogonal du XVIIe siècle, on comprend que notre voyageur se soit laissé charmer par le raffinement tout à fait caractéristique des constructions datant du règne de Shâh Abbâs le Grand.

Un subterfuge heureux

« Les touristes souhaitant voir le mausolée de l'imam Rezâ ont pour habitude de dîner et de se maquiller à l'Hôtel de Paris. »

Mais cette fois, certains commentaires ont persuadé l'écrivain de l'intérêt architectural majeur du mausolée et surtout de la mosquée de Goharshâd, et il est bien décidé à tout tenter pour s'introduire dans le lieu interdit. Le 6 mai au soir, après s'être consciencieusement grimés à l'aide d'un bouchon noirci, et déguisés avec des costumes locaux, Byron et Sykes, accompagnés d'un maître d'école persan compréhensif, s'enfoncent dans les petites ruelles obscures qui mènent, à cette époque, au sanctuaire. Lorsqu'ils débouchent dans la cour de la mosquée de Goharshâd, les visiteurs mettent quelques instants avant de comprendre la topologie des lieux, faiblement éclairés par la lumière ambrée des lanternes et encombrés par « des mollahs enturbannés [et] des Afghans en longue robe blanche ». Du sanctuaire tout proche s'échappent les incantations des pèlerins. Malgré l'anxiété qui ne doit pas manquer de l'assaillir, Byron parvient à noter certains détails qu'il consigne dans son journal, « visions d'arabesques si fluides, d'entrelacs si délicats, aussi au-delà de la simple mosaïque qu'un tapis l'est d'une suite de points ; vision de motifs plus amples perdus dans la ténèbre au-dessus de nos têtes ; vision de voûtes et de frises toutes vibrantes de calligraphie ».

Afin de laisser aux deux visiteurs le temps de s'imprégner de l'architecture du bâtiment, leur guide leur fait faire le tour de la cour deux fois de suite, en prenant soin de marmonner à leur intention un charabia destiné à détourner l'attention des gardiens. Byron donne d'ailleurs une transcription des plus comiques de ce faux dialogue qu'il qualifie avec la déférence qui le caractérise de « monologue de femme de ménage. [...] Alors je lui ai dit grmml grmml grmml grmml et il a dit grmml grmml ? J'ai dit que j'avais dit grmml grmml grmml grmml grmml comme il m'a dit j'ai dit grmml ! grmmlmmlmmlmml... »

Devant la beauté de ce qu'il vient de voir, notre passionné d'architecture ne résiste pas à l'envie de retourner dès le lendemain dans le sanctuaire afin de pouvoir l'admirer de jour. Malgré quelques réticences, son guide se laisse convaincre de tenter l'aventure, tandis que Christopher déclare forfait, sa barbe étant trop difficile à dissimuler à la lumière du soleil.

Le matin suivant, se grimant plus consciencieusement encore que la veille, Byron endosse les vêtements de son domestique qu'il assortit d'un chapeau pahlavi bosselé. Mais à peine a-t-il

Pages précédentes : Sanctuaire de l'imam Rezâ. « Les grands minarets flanquant le sanctuaire, s'élevant à partir de bases entourées d'inscriptions coufiques de la taille d'un garçonnet, étaient chamarrés d'un réseau de losanges ornés. » (Robert Byron, *La Route d'Oxiane*)

achevé de se déguiser, qu'il apprend que son guide renonce à l'accompagner. Sans hésiter plus longuement, il décide alors de se rendre seul au mausolée.

Une visite trop brève

« Tout reposait sur mon sautillement. C'était une question de rythme à respecter : une seule défaillance, et le roi était nu. »

Ne pouvant prendre un fiacre où il risquerait d'être repéré en raison de son accent, il se rend vers le sanctuaire à pied, sous un soleil de plomb, en adoptant « un rapide pas sautillant, d'allure persane, destiné à [lui] éviter de trébucher sur les inégalités du pavé ». Au sortir d'une première cour, il tombe nez à nez avec un groupe de mollahs, puis s'enfonce à nouveau dans les méandres du bazar qui encercle le mausolée, avant de déboucher dans la cour de la mosquée de Goharshâd. Il y est accueilli « par une fanfare de couleurs et de lumières qui [le force] à ralentir un instant, quasiment aveuglé – comme si quelqu'un venait d'allumer un second soleil ». Après quelques instants ses yeux s'habituent à la lumière éclatante et il peut alors poursuivre les observations menées la veille : « La cour intérieure n'était qu'un vaste jardin semé de turquoise, de rose, de rouges et de bleus foncés, avec des touches de pourpre, de vert, de jaune semées au milieu d'allées de brique nue, couleur chamois. D'immenses arabesques blanches tourbillonnaient au-dessus des cintres des *iwans*. Les *iwans* eux-mêmes cachaient d'autres jardins, plus ombreux, aux couleurs de fritillaire. »

Ci-dessus et page de droite : Cour de la mosquée de Goharshâd et détail de céramique d'un des *iwans* situé dans l'une des deux cours principales de la mosquée de l'Imam.

Malheureusement, notre intrus anglais ne tarde pas à se sentir menacé. Son air ébahi a fini par attirer l'attention des fidèles, et il s'éclipse rapidement hors du sanctuaire. Même si la visite n'a été que trop brève au yeux du jeune visiteur, il parvient quand même à en tirer quelques conclusions très utiles pour ses recherches : « J'avais appris ce que je voulais savoir. Un, que l'emploi de la mosaïque colorée à l'extérieur des bâtiments avait connu l'apogée de son raffinement à l'époque de la renaissance timouride ; deux, que la beauté qui apparaît dans le mausolée de Mashad n'atteint pas à celle de six des sept minarets de Hérat, dont les vestiges sont d'une qualité encore plus raffinée, d'une couleur encore plus pure, et ne sont pas interrompus par de la brique nue. Les rares voyageurs qui ont pu à la fois se rendre à Samarqand et Boukhara et voir le mausolée de l'imam Rezâ disent que rien dans les deux villes précitées ne saurait égaler la splendeur du dernier. S'ils disent vrai, la mosquée de Goharshâd doit être le plus sublime témoignage encore existant de cette époque, tandis que les ruines d'Hérat sont là pour manifester qu'il y eut un jour quelque chose d'encore plus sublime. »

Dès le lendemain de cette visite pirate, Byron prend la route de Kariz, dernière ville persane avant la frontière afghane. De là il va enfin rejoindre Hérat et poursuivre sa quête architecturale à travers les vallées reculées de l'Afghanistan. Dans la dernière lettre qu'il envoie de Perse à sa mère, transparaît toute son inquiétude quant à ce qu'il trouvera de l'autre côté de la frontière, en même temps que les motifs qui le poussent au voyage : « Tu dois me promettre de ne pas faire d'histoires quand tu recevras cette lettre – je l'apprendrais. Ce ne serait pas juste si tu le faisais – car même si ce n'est pas un voyage à proprement parler extraordinaire, il sera néanmoins suffisamment difficile pour que je n'aie pas à y ajouter le tracas de te savoir tracassée. [...] Il ne faudra d'ailleurs pas non plus m'accuser de ne pas t'avoir laissée connaître mes plans. Je t'en ai dit autant que j'en sais moi-même. Tu dois te souvenir que je ne voyage pas du tout pour satisfaire une pure et simple curiosité ou pour avoir des aventures (que je déteste). C'est une sorte de besoin – une sorte d'aiguisoir afin de tempérer mon caractère et m'affranchir des pensées étouffantes de l'Europe. C'est comme cela que je me développe. » Après son nouveau séjour en Afghanistan, l'écrivain regagne l'Inde puis l'Angeleterre, où *La Route d'Oxiane* remporta un franc succès. Lorsque la Seconde Guerre mondiale se déclancha en 1939, Robert, dont l'aversion pour le régime nazi était notoire, s'engagea dans l'armée britannique. Il disparut en 1941, ainsi que les autres membres d'équipage du navire à bord duquel il se trouvait, au large des côtes égyptiennes.

L'EXIL INTÉRIEUR

Annemarie Schwarzenbach

« Calme selon son habitude, son visage sans couleur était un symbole que j'essayais de déchiffrer : dépourvu de toute affectation, c'était un visage "simple" dans le sens de vrai, sans pose, non préoccupé de lui-même. Sous la masse des cheveux courts la tête semblait trop grande, trop pleine d'idées pour une nuque si frêle. »

Écrivain excessive et torturée, Annemarie Schwarzenbach fait partie des quelques rares Occidentaux ayant poussé sa curiosité de la Perse jusqu'à tenter de s'y installer et de s'acclimater à ce pays envoûtant, mais difficile et complexe. Née en 1908 dans une riche famille suisse, elle passe une enfance heureuse dans une splendide demeure située sur les bords du lac de Zürich. Après des études d'histoire dans sa ville natale, elle se rend quelques mois à Paris où elle étudie la philosophie et la psychologie. À partir de sa vingtième année, elle commence à écrire des nouvelles dont certaines sont publiées, comme les *Pariser Novelle*. En 1930, elle rencontre les enfants de Thomas Mann, Klaus et Erika, avec qui elle noue, pour le restant de sa vie, une amitié très forte, un mélange d'admiration et d'amour qui la poussera même à subvenir régulièrement à leurs besoins. En 1931, elle soutient sa thèse, *Beiträge zur Geschichte des Oberengadins im Mittelalter und zu Beginn der Neuzeit*, et obtient le titre de docteur en philosophie. À partir de cette année-là, et jusqu'à son premier séjour en Perse, elle effectue de nombreux voyages en Europe, au cours desquels elle ne manque jamais de rendre visite à la famille Mann, quand elle ne voyage pas avec elle. C'est au cours de cette période qu'elle commence à s'adonner à la morphine, une dépendance désastreuse qui la poursuivra par intermittence jusqu'à la fin de sa courte vie.

Le 12 octobre 1933, à la fois pour fuir ses propres tourments et ceux qui commencent à secouer l'Europe, elle entreprend un long voyage au Moyen-Orient, qui lui inspira un récit intitulé *Winter in Vorderasien*, inédit en France à ce jour et illustré de quelques-unes des admirables photographies qu'elle tira de ses pérégrinations. Durant ce séjour hivernal, elle effectue une étape décisive en Perse, où elle fait la connaissance de son futur mari, le diplomate français Claude-Achille Clarac.

En avril 1934, elle est de retour en Europe, pour quelques mois seulement, puisque dès septembre elle se rend à Moscou avec Klaus Mann, avant d'effectuer un second séjour en Perse où elle travaille comme archéologue sur les fouilles de l'ancienne Rey. Elle revient en Europe en décembre, fait une première tentative de suicide, avant de partir en cure et de retrouver l'Iran en avril 1935. Elle y épouse Claude-Achille Clarac, et passe l'été dans un camp d'altitude situé dans une vallée reculée au pied du mont Damâvand. Cette dernière expérience sera à l'origine de deux de ses textes majeurs, *La Vallée heureuse*, et *La Mort en Perse*.

En octobre, l'infatigable voyageuse est de retour en Suisse. Les années suivantes, de nouveaux voyages se succèdent, notamment aux États-Unis. Chacun d'eux est ponctué d'articles,

Croyant trouver dans la Perse un pays lui permettant de fuir son tourment intérieur, ainsi que les événements politiques qui agitent la vieille Europe, Annemarie Schwarzenbach, effectua plusieurs séjours dans le pays. Elle tira de son expérience persane plusieurs récits et nouvelles, plus ou moins autobiographiques, ainsi qu'un journal de voyage. Plus que tout autre, elle est parvenue à restituer avec un talent incomparable l'étrange séduction qui s'empare du voyageur occidental face à la démesure du pays.

PAGE DE GAUCHE : Les sommets majestueux du Kurdistan, par lequel Annemarie fait son entrée dans le pays.

EN BAS :
Jeunes filles kurdes en costume traditionnel au début du siècle.

PAGE DE DROITE :
Les hautes vallées du Kurdistan s'étendent à perte de vue et saisissent immédiatement le visiteur qui pénètre en Iran depuis l'Irak voisin.

CI-DESSOUS :
Indépendante et riche, Annemarie voyageait avec son propre véhicule.

de photographies, de récits, mais aussi d'amours malheureuses et de cures de désintoxication. L'Iran reverra Annemarie Schwarzenbach sillonner ses routes une dernière fois, en 1939, accompagnée à cette occasion de sa compatriote, Ella Maillart, en route vers l'Afghanistan et l'Inde.

Un pays mythique

« On nous contrôla et on nous ouvrit la barrière : nous empruntâmes alors la route des armées perses qui partaient jadis en campagne contre la Grèce. »

De son premier séjour en Perse, Annemarie Schwarzenbach nous a laissé un récit journalistique et littéraire enthousiaste, où elle s'efforce de faire partager à ses lecteurs l'atmosphère étonnante de la Perse et les sentiments qu'elle y éprouve. Elle entre dans le pays par la même route que Byron, celle du Kurdistan, dont les paysages la conquièrent d'emblée. « Un nouveau paysage aux rudes dimensions apparut, qui remplissait de joie et d'un vif étonnement. Les montagnes paraissaient se prolonger à l'infini ; à leur pied s'étendaient de larges vallées toujours enneigées, des ruisseaux peu encaissés y coulaient et des saules y étaient bercés au vent léger de la montagne. » La jeune femme passe sa première nuit persane dans la ville de Kermânshâh, capitale de la région, alors encore entourée de champs de pavots. La Perse possède en effet, parmi ses traditions ancestrales, celle peu enviable de la fabrication et de la consommation d'opium, *tariâk* en persan. Relatée par de nombreux voyageurs, comme Byron qui se plaint de l'état lamentable de ses serviteurs lorsqu'ils ont fumé, cette coutume fut à certaines périodes en passe de devenir un véritable fléau national tant elle était répandue. Aujourd'hui, la culture du pavot est officiellement interdite en Iran, mais l'Afghanistan voisin approvisionne les nombreux *tariâkis* qui s'adonnent à leur drogue dans le secret. Annemarie, que sa dépendance à la morphine a sensibilisée sur le sujet, explique la fabrication de la résine du rêve. « On y trouve de grands champs de pavots, dont les fleurs en juin sont semblables à du coton, voiles blancs se balançant à perte de vue. Des femmes kurdes entaillent les plantes et récoltent leur sève qui forme une masse épaisse, dont l'effet suave et toxique était déjà connu des anciens Assyriens. Virgile l'appela le "remède qui donne sommeil". » Mais pour Annemarie ce sont surtout les paysages trop grandioses du pays qui rendent les Persans enclins aux rêves et à la fuite procurée par la drogue.

Pour elle, seuls les Kurdes parviennent à échapper à cette fatalité, « [...] bien qu'ils soient tous aussi pauvres et vivent dans une inextricable misère, ils ne se laissent pas aller à cette humiliante indolence et à cet insensible détachement, légèrement inquiétant ». Possédant leur propre langue, et des habitudes vestimentaires à part, ils constituent aujourd'hui encore la majorité des habitants de la ville. L'écrivain se laisse séduire par les coiffes enturbannées des femmes aux visages secs presque masculins, et par la grâce sauvage des jeunes filles.

Le lendemain matin, poussée par la curiosité qu'elle éprouve pour ce peuple fier, elle effectue une excursion dans les villages des environs. Les paysans, accompagnés de leurs impressionnants chiens de troupeaux semblables à des loups, vivent dans des huttes de terre, sous le joug féodal de quelques familles nobles. Annemarie s'attarde, troque la plume pour l'appareil photographique, et saisit au passage de magnifiques portraits. Un genre dans lequel elle excelle, peut-être en raison de ce charme indescriptible qui émanait d'elle et, malgré tous ses tourments, rendait son contact facile. Roger Martin-du-Gard, subjugué par la personnalité de la jeune femme, la surnommait « l'ange inconsolable ».

Cet ancien sanctuaire, destiné à différentes manifestations religieuses, est tout à fait représentatif du style très riche en couleurs et en céramiques de l'époque des Qâdjârs. Ses derniers propriétaires privés, la famille Mo'aven ol-Molk, le firent restaurer au début du siècle après certains dommages causés pendant la révolution constitutionnelle. Ceci explique la présence de céramiques figuratives nettement inspirées de photographies.

« Moi Darius, Roi entre les Rois »

« ... Ceux qui inventèrent cette formule présomptueuse et enjouée venaient d'un pays où devaient demeurer des dieux... »

De retour à Kermânshâh, l'écrivain se rend sur le site de Tâq-e Bostân, le seul ensemble connu de bas-reliefs datant de l'époque sassanide, situé à l'extérieur de la province du Fârs, région natale de cette dynastie. La première de ces sculptures taillées dans la roche qui s'élève abrupte devant un paisible plan d'eau, représente l'investiture d'Artaxerxès II. Il est entouré du divin Ahura Mazda et de Mithra. Sur le relief suivant, on distingue Shâhpur II et son petit-fils Shâhpur III, tandis que la grotte principale célèbre l'investiture de Khosrow II, contemporain du prophète Mahomet. « Le Roi est représenté sur son célèbre coursier Schabdaes ; son visage est couvert d'une cotte de mailles, il brandit sa lance au-dessus de son épaule droite et se tient légèrement penché en arrière sur sa selle. Le portrait dégage une impression de monumentalité très significative ; l'attitude du Roi, à la fois digne et endeuillée, allégorique et universelle, et personnalisée de façon touchante, rappelle les anciennes sculptures de Persépolis. » Plus encore que la stature colossale du roi qui orne le panneau du fond de la grotte, ce sont surtout les murs latéraux qui forcent l'admiration. Beaucoup plus anecdotiques dans leur contenu – il s'agit de scènes de chasses – le travail de sculpture et le type de représentation sont magnifiques et augurent déjà de l'art de la miniature qui suivra bientôt.

Après ce premier contact avec la Perse pré-islamique, notre voyageuse se rend sur un second site, Bisotun, à une trentaine de kilomètres au nord-est de Kermânshâh dans un ensemble de falaises difficilement accessibles. D'une importance majeure pour les Persans, Bisotun est composé de nombreux bas-reliefs, sculptés dans la paroi rocheuse, qui illustrent la victoire de Darius le Grand sur les princes rebelles de l'empire. L'une des sculptures le représente paré de ses plus beaux atours, surmonté de la figure céleste

d'Ahura Mazda, tandis que ses ennemis sont prostrés à ses pieds. Outre ces éléments figuratifs, les bas-reliefs comprennent plusieurs tablettes en caractères babyloniens, élamites et anciens persans. Ces textes louent le dieu zoroastrien, déroulent la généalogie de Darius et racontent les événements importants de son règne.

L'exploration des falaises achevée, Annemarie reprend la route en direction d'Hamadân, l'ancienne Ecbatane. En chemin, elle se laisse absorber par le paysage ensorcelant des montagnes majestueuses qui se succèdent des heures durant, leur cime encore poudrée par les neiges d'hiver. « Aux lointaines limites de la plaine, des montagnes étincelaient dans la douce lumière du soir, et lorsque nous nous en rapprochâmes, d'autres chaînes, encore plus hautes, s'élevèrent derrière elles. Elles émergeaient, sombres et sans attaches, des profondeurs et se tenaient aux confins de toutes choses, à l'image de la mort et de la transfiguration. »

Arrivée à destination à la nuit tombée, la jeune femme trouve refuge à l'Hôtel de France où le réconfort d'une bassine d'eau chaude et d'un peu de feu lui fait oublier le froid qui règne encore sur les hauts plateaux en cette fin d'hiver. Dans la petite cour de l'établissement, la neige n'a pas encore fondu, et une tempête s'emploie bientôt à recouvrir de flocons blancs les branches décharnées de deux saules.

De la mythique Ecbatane, Annemarie ne nous livre rien. Elle la quitte dès le lendemain de son arrivée, à 7 heures du matin, sous un ciel transparent qui contraste avec les intempéries de la nuit. Il faut reconnaître, pour sa défense, que les restes de l'ancienne capitale des rois mèdes, fondée au VIIe siècle avant Jésus-Christ, sont bien maigres. Malgré un programme de fouilles qui a permis d'exhumer de nombreux trésors depuis son passage, les anciennes fondations de la ville restent aujourd'hui encore difficilement visibles. Seuls quelques murs de l'ancienne citadelle permettent de se faire une idée

Pages suivantes : Grotte de Tâq-e Boustân. Sur le panneau de droite, une multitude de sangliers fuit au galop les chasseurs sous l'œil attentif des dames de la cour et des musiciens, tandis que le côté gauche de la grotte accueille une chasse au cerf que cerne une imposante frise d'éléphants dont le cuir est rendu avec une vraisemblance saisissante. Le cavalier, représenté dans la niche principale, est sans doute Khosrow II, un des rois sassanides, contemporain du prophète Mahomet.

de l'importance de cette ville où les Achéménides établirent à leur tour leur capitale, et où Alexandre le Grand transporta les trésors volés à Persépolis.

À l'étape suivante, Qazvin, la jeune femme croise un ancien régiment de cosaques russes – de ceux qui ont prêté main forte à Rezâ Shâh pour accéder au trône – dont la présence l'étonne. C'est son premier contact avec l'atmosphère encombrée du trafic persan aux abords des villes importantes. Qazvin est en effet le point de jonction des routes qui viennent d'Iraq et de Turquie vers Téhéran, et concentre à ce titre un flux important de voyageurs d'origines très diverses. « Sur la large route qui conduit à la ville, nous rencontrâmes un cortège ininterrompu de camions, de troupeaux d'ânes, de cavaliers et de marcheurs, de caravanes de chameaux hirsutes. Ceux qui les conduisaient avaient les visages brunis et lisses des Mongols ; ils portaient des peaux de mouton jaunes, tout comme les cochers, allongés et endormis sur les charrettes à deux roues. »

Puis vient enfin la route monotone qui s'étire sur plus de cent kilomètres vers la capitale, entourée de sa ceinture de montagnes massives, et surplombée de la silhouette nuageuse du Damâvand qui semble reculer à mesure que notre voyageuse approche. La montagne et la démesure du paysage sont pour Annemarie, plus encore que pour ces prédécesseurs, un motif récurrent de joie et de questionnement. Dans la partie très courte consacrée à Téhéran dans *Winter in Vorderasien*, les montagnes et leurs couleurs insaisissables lui inspirent d'ailleurs quelques réflexions très justes sur les rapports entretenus par les Persans avec les paysages immenses dans lesquels ils évoluent, et sur les traits culturels qui en ont découlé. « Les vastes hauts plateaux semblent arrachés au ciel, les montagnes à leur bordure s'illuminent de couleurs surnaturelles ; cependant, ce pays n'est pas véritablement suranné, il se présente comme une terre ancienne, historique et suscite alternativement vénération et curiosité. On comprend toutefois qu'il ait été si facile aux Arabes d'amputer les Perses de leur passé, de leur enlever leur religion et de la remplacer par l'Islam ; on comprend mieux encore que les légendes de Firdusi aient été plus tard

élevées au rang de tradition nationale, sans qu'il vînt à l'esprit de quiconque de douter que leur vérité soit plus qu'historique. » Dans la suite de son texte, l'écrivain insiste sur l'un des traits majeurs de la population, qui, malgré des origines extrêmement diverses, éprouve un fort sentiment de fierté nationale. Celui-ci se double d'une nostalgie de la grande Perse mythique déchue et d'un sentiment de pénitence dans l'attente du retour de jours meilleurs. Elle nous met cependant en garde contre l'impression d'endormissement qui pourrait émaner de cette nostalgie. « Les Perses révèlent aujourd'hui une modestie propre aux peuples qui ont eu une grande mission, ont rempli leur rôle et sont désormais prêts à rentrer dans le giron du néant historique. On peut y voir un peu d'indolence orientale, toutefois il ne faut pas la confondre avec l'épuisement lié à des causes plus profondes. [...] Les Perses sont cependant toujours aujourd'hui, au moins dans leurs sentiments religieux, capables d'un fanatisme qui ravive des énergies menacées et dont la substance a déjà été altérée. Ils attendent en outre, apparemment sans grand espoir, que les portes du Paradis s'ouvrent à eux. »
De Téhéran, dont elle ramène certaines photographies de bâtiments, Annemarie nous dit simplement que la saison est idéale, que le soleil réchauffe la ville, mais que l'air y est encore frais. Elle ne donne ni descriptions, ni impressions, comme celles qu'avait pu livrer Vita Sackville-West quelques années plus tôt, vantant une certaine qualité de vie : « L'air, à cette altitude de près de quatre mille pieds, est aussi pur qu'une note de violon. Il y a partout un sentiment d'ouverture et d'être à une grande altitude ; cette sensation de crasse et de surpopulation, jamais vraiment absente dans les pays européens, n'existe absolument pas ici ; c'est comme si on était soulevé de terre et installé au-dessus d'un grand et large toit – le plateau iranien. » Une vision à peu près à l'opposé de ce qu'offre aujourd'hui la capitale de l'Iran, passée entre temps de 300 000 à 12 millions d'habitants, véritable mégapole sillonnée par les autoroutes où l'air en été n'est guère respirable même sur les hauteurs de la ville. Le centre traditionnel qui entoure le bazar s'est déplacé

vers le sud tandis que les jardins, situés jadis en dehors de la ville sur les contreforts de la montagne, ont été avalés par de nouveaux quartiers.

Sur les hauteurs de Téhéran

« Aucune autre saison de l'année n'aurait pu mieux convenir, pour découvrir la Perse, que ce printemps rude et charmant ! »

Durant son premier séjour à Téhéran, Annemarie Schwarzenbach fréquente le milieu restreint des résidents européens, archéologues, hommes d'affaires ou diplomates. Parmi ceux-ci, elle fait la connaissance de son futur mari Claude-Achille Clarac, et son silence sur la ville dans son *Winter in Vorderasien* pourrait presque passer pour une réserve prémonitoire, tant la capitale iranienne et ses environs allaient par la suite prendre une place considérable dans sa vie et ses récits.

Une autre rencontre marquante pour la jeune femme est celle de l'archéologue allemand, Eric Schmidt, qui s'occupe du site de Rey au sud de la ville. Il lui propose de rejoindre son équipe à partir de l'automne suivant. Dans une lettre qu'elle envoie à Klaus Mann une semaine avant son retour, elle écrit : « J'ai pris la ferme décision de travailler ici à l'automne, pendant trois mois. En es-tu très étonné ? Mais même si nous devons encore en discuter et en débattre ensemble : je suis incapable, lorsque je pense à l'Europe, de *rien* trouver qui me retienne là-bas ou qui me semble être ne serait-ce que supportable — à l'exception de nos amis d'été et de certaines choses que nous pourrions entreprendre ensemble. Il est vrai que je tiens à cela — mais, comme tu consacres beaucoup de temps et de travail à la "collection", je pense que je dois trouver ma voie. Je m'occuperai surtout de mesurer des crânes avec rage et proclamerai l'absurdité du racisme allemand à l'aide d'exemples iraniens, seul cela paraît séduisant à mes yeux. »

Venue en Iran pour explorer le pays, la voyageuse reste peu de temps à Téhéran. Sa première excursion conséquente à l'intérieur du territoire persan se déroule dans le nord, dans les régions du Mâzandarân et du Gilân, des régions le plus souvent délaissées par les autres voyageurs car peu représentatives de l'image stéréotypée que l'on peut avoir du pays. Situées le long de la mer Caspienne, ces deux provinces possèdent un climat extrêmement tempéré et humide et ressemblent, de ce fait, à un gigantesque jardin d'un contraste saisissant avec le reste du pays. Pour parvenir à cet éden persan, la jeune femme doit de nouveau affronter la démesure du paysage et franchir le redoutable massif de l'Elbourz. Aussi emprunte-t-elle l'impressionnante route, littéralement accrochée aux nuages, qui passe par Firouz-Kuh et surplombe des vallées sans fond : « Nous gravissions désormais le col, les virages nous menaient profondément dans les plis de la montagne, puis en rejaillissaient en une courbe hardie. L'air était moite, la perspective s'atténuait ; bientôt, on ne vit plus que la route, un pan d'escarpement, parfois un rocher qui s'avançait sur la voie tel une porte ou la surplombait, comme figé dans sa chute. [...] En haut, nous avions

DOUBLE PAGE PRÉCÉDENTE : Maison traditionnelle d'Hamadân, et potier du village de Lâledjin réputé pour ses terres cuites.

PAGE DE GAUCHE : Jardin d'une des propriétés situées au nord de Téhéran, où les expatriés occidentaux et les riches Persans cherchaient à échapper aux chaleurs redoutables de la capitale.

CI-DESSUS : Paysage traditionnel du Mâzandarân, dont les hautes cimes sont le plus souvent recouvertes par la brume, même en été.

CI-DESSUS :
Mausolée traditionnel dans un petit village reculé des hautes vallées du Mâzandarân, avec ses colonnes de bois, au chapiteau en double crosse, caractéristiques de la région.

subitement dépassé la brume et nous trouvions sur une vaste plaine, encadrée de chaînes brunes et, au-delà, blanches. Elles avaient perdu de leur hauteur et de leur majesté, elles étaient désormais les messagères du ciel, il en soufflait un air froid comme le cristal, léger vent sur le haut plateau. » La promenade sur le toit du ciel achevée, les montagnes commencent à changer progressivement de couleur. Les forêts font leur apparition, les prés verdissent, et au milieu des vallées, les premiers villages typiques du Mâzandarân révèlent leurs « toits bas à pignons faits de paille et de bardeaux de bois. [...] Du bois ! Il marquait l'apparition d'une autre culture ; au lieu des murs nus et jaunes en argile, c'étaient désormais des clôtures composées de lattes, de palis et de broussailles qui entouraient les jardins, et sur une colline escarpée se trouvait, merveille d'irrégularité, un enclos de branchages et de buissons épineux amoncelés ». Au-delà de ces considérations esthétiques, l'habitat du nord de l'Iran possède une particularité unique dans le pays, celle d'être ouvert sur l'extérieur. Les patios sous lesquels se prennent les repas en été ne sont pas retranchés derrière de hauts murs, mais ouverts à la vue de tous. Cette différence se retrouve jusque dans la mentalité des populations de ces régions, comptant parmi les plus chaleureuses d'Iran.

En contrebas des vallées apparaissent bientôt les premières rizières en terrasses suspendues, dont le vert luisant éclate même dans la brume la plus épaisse. Dans le lointain résonnent les coups répétés des bûcherons tandis que des troupeaux de vaches éparpillées paissent paisiblement dans les prés. Pour Annemarie, le paysage est si éloigné de ce qu'elle a vu jusqu'alors, si soigné et bien proportionné, qu'il lui fait penser à un décor. Mais elle sait que cet environnement tranquille n'est que passager et que bientôt la forêt « s'épaissit ; elle s'étire en une large ceinture de ces contreforts romantiques à la zone tropicale, où elle revêt le caractère de la forêt vierge ».

Les rives de la mer Caspienne

« Dans cette vallée desséchée, formée de schistes, de gravier et de rocs décolorés, le vert électrique des premières rizières en terrasses frappa nos yeux comme un cri de joie surprend l'ouïe après un très long silence. »

En attendant de partir explorer la jungle, notre voyageuse fait étape dans le port de Bâbolsar, alors appelé Mashad Sar, où elle contemple pour la première fois la mer Caspienne, « un miroir bleu-noir vespéral derrière l'impétueux rempart d'écume qui précède l'embouchure du fleuve ». Bâbolsar n'est encore à l'époque qu'un village qui deviendra progressivement, sous l'impulsion des Palhavi, une station balnéaire courue. Quelques années plus tard, lorsque l'écrivain sera de retour dans la ville en compagnie d'Ella Maillart, celle-ci trouvera des ressemblances entre le petit port de la Caspienne et la station de Trouville « à ses débuts ». Outre le casino et les cabines de bains de la grande plage déserte, un hôtel de luxe, aujourd'hui transformé en université, a fait son apparition : « La blancheur d'un palace captait tous les rayons du soleil. Deux ans auparavant, cet hôtel avait été terminé rapidement car le shâh s'attendait que Kemal Atatürk lui rendît sa visite ; et là, j'avais admiré, dissimulé dans le mur du plus bel appartement (chut ! n'en dites rien...) un microphone qui n'avait pas rempli son but car Atatürk n'était jamais venu. »

Des fenêtres de l'Hôtel d'Orient, où elle prend une chambre pendant son premier séjour, Annemarie regarde la pluie tomber. Installés sur des arbres dont les troncs se dressent au-dessus des flots, des hommes harponnent des saumons dont elle dîne avec un peu de vin du pays. La fatigue de la route a été telle qu'elle s'endort dès 9 heures du soir. Le lendemain, elle visite les pêcheries d'esturgeon, visiblement intriguée par la fabrication du caviar. La production est à cette époque entièrement aux mains des Russes. Rezâ Shâh a beau avoir repris l'ancienne concession attribuée par les Qâdjârs à la firme Lianosov, et créé une société mixte russo-persane baptisée Mahi-Iran, la balance est encore très désavantageuse pour l'Iran. Deux fois par mois, les paquebots russes viennent chercher leur précieuse cargaison qui transite par Bandar-e Anzali avant de regagner le pays des soviets, et en fin de course les palais gourmands des riches Européens. Les Iraniens ne perçoivent qu'un maigre pourcentage sur les ventes de caviar et cèdent l'intégralité des esturgeons. Ce désintérêt pour le caviar, et surtout pour l'esturgeon, s'explique en partie par le fait que ce poisson très ancien était réputé ne pas avoir d'écailles. Il était par conséquent proscrit par l'Islam. Après la révolution islamique, les Iraniens, peu enclins à abandonner une telle source de profit, firent des recherches poussées afin de trouver une écaille capable de disculper l'esturgeon. Ils finirent par en remarquer quelques-unes près de la queue de l'animal. Cette découverte providentielle ne rendit pas pour autant ce poisson de luxe beaucoup plus populaire dans son pays d'origine.

Annemarie ne semble pas, pour sa part, avoir eu la chance de goûter aux petites perles noires et se contente de nous raconter comment la main adroite d'un expert russe pèse le caviar avant

CI-DESSOUS : Une famille interrompue dans son repas par Annemarie. Aujourd'hui encore, le pique-nique est une activité très appréciée des Iraniens qui raffolent des montagnes du nord pour leur fraîcheur.

DOUBLE PAGE SUIVANTE : Les régions du nord possèdent d'importantes cultures de rizières qui s'étendent entre les vallons verdoyants de l'Elbourz et la mer Caspienne.

Le port de Bâbolsar dont Annemarie eut la chance de visiter les usines de caviar. La production de ce dernier, ainsi que la pêche à l'esturgeon, véritables trésors d'État, sont aujourd'hui très réglementées.

« D'abord dans les verts pâturages. Puis à travers la forêt, qui sera bientôt une forêt vierge : ours, loups, panthères et chats sauvages y sont chez eux. » (Annemarie Schwarzenbach, *La Mort en Perse*)

PAGE DE DROITE : Aujourd'hui les paysages bucoliques demeurent, mais les moutons n'ont plus à se soucier des redoutables animaux qu'abritaient auparavant les forêts, joie de la cour des rois Qâdjârs dont la chasse était un des principaux loisirs.

de le filtrer, de le saler et de le conditionner dans sa célèbre boîte de métal ronde cerclée d'une bande de caoutchouc.

Un arrière-pays de cocagne

« Mais des tigres, nous n'entendions rien ; ils se tiennent cachés en haut des montagnes, animaux fabuleux et prédateurs. »

Après cette visite, l'écrivain effectue une longue promenade à pied sur la plage et dans les dunes qui s'étendent à cette époque très loin dans les terres. De temps à autre des bancs d'oies sauvages passent au-dessus de sa tête, lui donnant l'impression d'être dans un conte pour enfants.

Annemarie décide ensuite d'explorer les charmes de l'arrière-pays, resté en grande partie intact depuis son passage.

« Nous retournâmes au-delà des dunes, dans les terres abritées recouvertes de buissons épineux, de genêts fleuris et de fleurs jaunes que nous ne connaissions pas ; des zébus paissaient sur le sol maigre et avaient ménagé de petits sentiers à travers les broussailles presque impénétrables. À proximité du fleuve, dans les prairies où poussaient des arbres fruitiers sauvages aux fleurs roses et blanches, nous croisâmes de petites propriétés paysannes, cours clôturées, avec à l'intérieur des puits et des enfants habillés de vives couleurs, qui s'accroupissaient sur le seuil de la maison, pleins de curiosité, et observaient avec excitation nos appareils photographiques. »

De retour sur la route côtière qui serpente entre les champs et le rivage, elle se dirige vers Deh Now, où les avancées de la jungle voisine commencent à se faire plus présentes. Elle a d'ailleurs tout loisir, des fenêtres du restaurant dans lequel elle déjeune, d'observer la masse végétale exubérante que peuplaient encore peu de temps auparavant les ours, les tigres, guépards et léopards, proies de choix pour les chasses prestigieuses des shâhs qâdjârs. « Ici, la forêt présentait toute la luxuriance, la démesure et la difformité des tropiques : des troncs fendus et creux se dressaient dans la lumière ; des branches étranglées retombaient, telles des corps de serpents, de grosses lianes dessinaient des nœuds et des clés de sol, tendant vers les racines et offrant un aspect étrangement menaçant. Sur les troncs poussaient de la mousse, des fougères, ainsi qu'une végétation distincte, l'une aspirant avidemment la vie de l'autre ; au-dessous s'étendait le sol détrempé d'humidité, qui recevait des germes vénéneux et fragiles et protégeait les racines des jeunes plantes, pâles à l'ombre des anciennes et vouées à une existence étiolée. » Une métaphore qui semble bien projective lorsqu'on connaît son destin tragique et les relations complexes entretenues avec sa mère, dont on sait que la forte personnalité pesa pour beaucoup dans les problèmes d'Annemarie.

Le soir, l'écrivain s'arrête à Râmsar, une ville connue à l'époque pour ses sources thermales. La station balnéaire n'en est, comme à Bâbolsar, qu'à ses balbutiements. Les bâtiments du sanatorium sont construits sur les hauteurs, à proximité de l'imposant Hôtel Qadim, bâti par les Pahlavi dans les années quarante. La majestueuse avenue arborée qui relie aujourd'hui l'hôtel à la plage n'est encore à ce moment-là qu'une bande marécageuse entourée de rizières où prolifèrent les moustiques et la malaria.

Le lendemain, notre voyageuse, réveillée aux aurores, assiste au lever du soleil depuis la petite vallée où elle est allée se promener. La nature est une fois encore enchanteresse. L'air est frais, les odeurs de l'herbe, du feuillage des arbres et de la mousse embaument. La montagne, toujours présente, semble cette fois jaillir de l'horizon plat de la mer. L'écrivain passe la journée dans les environs de Râmsar, explorant quelques-uns des ravissants villages cachés dans les plis des vallées voisines. « Nous rencontrâmes des charbonniers ; ils entretenaient un lent brasier dans un tronc d'arbre creux, afin d'économiser les allumettes ; ils conservaient leur riz dans une jatte de bois et du

Double page précédente et ci-contre : La petite ville de Lâhidjân dans la province du Gilân, est devenue célèbre lorsqu'un ancien diplomate persan, en poste en Chine au début du siècle, y introduisit la culture du thé. Depuis, la silhouette ronde des théiers a progressivement recouvert l'ensemble des vallons avoisinants.

De temps à autre la figure pointue d'un mausolée émerge de la végétation touffue, comme ici avec l'Imamzâdeh de Sheikh Zâhed situé à quelques kilomètres de la ville.

Double page suivante : Marchés traditionnels dans des villages du Gilân. Extrêmement prospère, la région fournit au reste du pays une bonne partie de ses besoins en produits frais.

lait caillé dans une cruche d'argile. Des moutons paissaient dans les broussailles ; leur berger, un Turkmène, portait un manteau de feutre noir, tout comme les bergers à cheval d'Anatolie, et une hache polie sur l'épaule. Il se tenait debout et nous regardait, étrangement immobile, détourné d'une manière presque forcée. »

Vers le milieu de l'après-midi, la température baissant soudainement, Annemarie redescend vers la côte. Mais la mer démontée n'est guère plus accueillante, et elle s'enfonce à nouveau entre les prés verdoyants du piémont. Un nouveau village s'offre à elle, qu'elle baptise le « Village enchanté ». La lumière tombante du soir confère aux silhouettes pyramidales massives des toits qui émergent péniblement du brouillard un aspect énigmatique. Ce qui ne semblait être au départ qu'un hameau prend l'aspect d'une ville fantôme, où les seuls êtres vivants sont tout d'abord des oies, des vaches et des zébus. Des troncs d'arbres enjambent les ruisseaux qui serpentent entre les jardins. Peu à peu, notre voyageuse aperçoit quelques enfants, puis des femmes, à moitié dissimulées dans l'encadrement de leur porte. Le village semble recouvrer la vie comme au sortir d'un rêve épais. À mesure qu'elle avance, l'écrivain distingue de nouvelles figures, l'activité réduite d'un petit bazar, puis le foyer rassurant d'un boulanger où s'engouffrent de grandes galettes ovales qui ressortent dorées et parfumées du four. La nuit tombée, elle prend le chemin du retour laissant derrière elle le village enchanté disparaître dans l'obscurité et la brume.

Les jardins de thé du Gilân

« On fit ici appel à des Chinois pour enseigner à la population cette culture difficile, connue d'eux depuis un millier d'années. »

Le jour suivant, un vendredi, Annemarie poursuit son périple jusqu'à Lâhidjân, la ville du thé. À cette époque, l'histoire du thé persan est encore toute récente. Une dizaine d'années auparavant, un diplomate iranien en poste en Inde,

لوازم

Hadj Mohammad Mirzâ Chaikâr, parvint à ramener, après plusieurs tentatives infructueuses, quelques graines de thé dissimulées dans sa canne et à les planter dans son jardin situé dans les environs de la ville. Les premiers essais s'avérant peu concluants, il eut l'idée de s'entourer d'experts chinois qui l'aidèrent à faire prospérer ses plantations. La réussite fut totale puisque, aujourd'hui, les exploitations de thé s'étendent sur plus de mille cinq cents kilomètres carrés. La cueillette, majoritairement effectuée par les femmes, a lieu au printemps et au début de l'été. Les usines traitent ensuite les feuilles en suivant les différentes étapes de la fabrication des thés noirs : le flétrissage pour assouplir les feuilles ; le roulage des feuilles sur elles-mêmes qui permet de libérer les huiles essentielles nécessaires aux phases suivantes ; le criblage correspond ensuite au tri des feuilles ; tandis que la fermentation consiste à les humidifier pendant plusieurs heures afin de leur donner leur couleur et leur goût ; enfin la dessication soumet la feuille à un environnement chaud, stoppe le processus de fermentation et met fin à la fabrication. Les thés de Lâhidjân, connus sous l'appellation Gilân, sont des thés bon marché au goût rond et boisé et à la robe rouge sombre. Ils ne bénéficient pas encore de suffisamment d'attention lors de la cueillette pour prétendre, comme en Inde où on distingue les plus jeunes pousses servant à la fabrication des thés les plus fins, à un meilleur classement. Cependant, certaines marques commencent à produire en petite quantité des thés plus raffinés, aux notes plus fleuries et plus fines, qui pourraient rivaliser sans complexe avec certaines variétés des plateaux indiens comme le Sikkim et les Doars. Mais, lorsque Annemarie traverse les collines recouvertes des buissons en forme de boules, les enjeux des planteurs ne sont pas tant de rivaliser avec les grands noms que d'assurer une certaine autosuffisance pour un produit de forte consommation jusque-là importé.

De plus, l'écrivain semble davantage intéressée par la population des plantations, particulièrement animée en ce jour chômé, que par les théiers : « Des jeunes filles vêtues de jupes rouge cerise et de longs pantalons noirs riaient, assises sur le bord verdoyant de la route ; les garçons à cheval s'arrêtaient devant elles. Des enfants parés de toutes les couleurs couraient sur la prairie. Tels des drapeaux, des foulards blancs flottaient au vent. »

Un passage vers l'Occident

« Pahlavi, un port sur la mer Caspienne. »

Après cette traversée des environs de Lâhidjân, Annemarie arrive à nouveau en vue de la jungle. Aucun pont ne permettant alors de franchir le Sefid Rud, elle doit effectuer la traversée en bac avant de rejoindre la ville de Rasht. De la capitale du Gilân, elle retient surtout le monopole que possède la ville sur le commerce de la soie et la présence massive des Russes, comme à Qazvin.

En fin d'après-midi, elle tente de rejoindre Bandar-e Anzali, mais l'obscurité qui recouvre rapidement l'étendue silencieuse la séparant de la mer lui fait renoncer à ce projet. Elle fait demi-tour, passe la nuit à Rasht et repart dès le lendemain matin pour Téhéran.

En route vers la capitale, elle croise de longues caravanes marchandes où elle reconnait parfois la silhouette caractéristique de jeunes Kurdes, sur le chemin de la déportation. Comme les Qashqâis croisés par Loti, les populations nomades kurdes subirent de nombreux mouvements forcés, ordonnés par les shâhs au pouvoir afin de mater d'éventuelles révoltes.

Les paysages reprennent bientôt la dureté et la magnificence des hauts plateaux. « Lorsque nous fîmes une dernière halte auprès d'un tell (cette colline doit, comme beaucoup d'autres, dissimuler le trésor d'Iskander), la lune et le soleil couchant se conjuguèrent, et une profusion de lumière aux teintes merveilleuses apparut ; le ciel s'assombrissait et les nuages se tenaient près des montagnes, métalliques et tangibles au-dessus de la plaine. Celle-ci se déroulait comme un tapis de velours ; la lumière l'arrosait en douces vagues, et elle attendait la nuit. »

PAGES PRÉCÉDENTES : Port de Anzali, où Annemarie s'embarque lors de son premier retour sur un paquebot russe.

CI-DESSOUS : Annemarie, assise sur un kilim, sans doute celui décrit dans *La Vallée heureuse*, « ... il est jaune avec des motifs rouges et noirs et donne une impression de gaieté ».

PAGE DE DROITE : Jeune garçon, assis sur un tapis, au bord de la route menant à Ispahan. Annemarie y passa à plusieurs reprises pour se rendre à Shirâz, sur les fouilles de Persépolis où certains de ses amis travaillaient.

Passant peu de temps à Téhéran, Annemarie repart pour le sud, vers Ispahan et Shirâz. La visite des sites de Perspépolis et Naqsh-e Rostam, où elle aura ultérieurement l'occasion de retourner, constitue l'événement marquant de ce voyage dont elle revient épuisée.

Le 15 avril 1934, l'écrivain se rend de nouveau dans le Gilân. Elle rejoint le port de Anzali, où elle attend de pouvoir s'embarquer pour la Russie, puis l'Europe. « Le brouillard est maintenant si dense, que l'on ne peut même plus reconnaître les bateaux du port, à l'exception de leurs mâts oscillant de bas en haut. Un pavillon rouge, trempé et lourd, est suspendu à l'un d'eux. Bien que l'on pourrait croire à un mât fantôme, c'est celui d'un vapeur russe, dont le nom figure sur mon billet. Cet après-midi, vers quatre heures, le bateau prendra le départ pour Bakou. » Dans la cour de l'hôtel où elle patiente, elle rencontre une ancienne connaissance, un ingénieur danois, nommé Shanghai-Willy, à qui elle déclare : « Je pars [...] et je ne reviendrai plus. » À quoi celui-ci répond par ces mots prémonitoires : « C'est ce que tout le monde dit. »

Second séjour

« Notre jardin était le verger de grenadiers d'un riche Persan. Entre les petits arbres s'étendaient nos parterres de fragments. »

De retour en Suisse, elle travaille à la rédaction de *Winter in Vorderasien – Tagebuch einer Reise*, qui paraît à l'automne chez l'éditeur viennois Zürcher Rascher Verlag. L'accueil qui lui est fait est mitigé. Il est jugé trop personnel par ceux qui attendent d'un récit de voyage des indications historiques et pratiques, et est considéré littérairement faible par ses amis écrivains.

Dès la mi-septembre 1934, Annemarie tient la promesse faite à Eric Schmidt et revient en Iran, après s'être rendue à un congrès d'écrivains à Moscou en compagnie de Klaus Mann. Sa traversée de la Russie jusqu'à la frontière persane et son passage par Tabriz, où elle reviendra quelques années plus tard accompagnée d'Ella Maillart, lui donne matière à la rédaction de deux articles. Durant ce court séjour, où elle revoit Claude Clarac et se résout lentement à accepter sa proposition de mariage, elle travaille sur le chantier archéologique de Rey. Située au sud de Téhéran, cette ville est l'une des plus anciennes d'Iran. On trouve sa trace dans d'anciens écrits majeurs comme l'Avesta et la Bible. Fondée en 5000 avant Jésus-Christ, Rey fut une cité prospère sous les Achéménides, les Grecs, les Sassanides et les Parthes, avant d'être détruite par les Mongols en 1220. Les fouilles de ses ruines ont permis d'exhumer de nombreuses reliques et tout particulièrement de magnifiques poteries seljukides.

Annemarie, qui participe à des travaux menés pour le compte des musées américains de Boston et de Philadelphie, vit alors à proximité du site, dans une maison en bordure de la piste qui mène les caravanes de chameaux vers Varâmin. C'est « l'une des plus anciennes pistes caravanières de la Perse [qui] va de Téhéran à Varâmin en passant par Raghès , tout près de notre

maison ; elle franchit le gué situé à notre porte et suit le long mur de notre jardin. Voilà pourquoi le son des cloches de ces caravanes hante les longues nuits de Raghès ; elles font partie des voix les plus nettes de mon souvenir. Elles se balancent aux flancs des chameaux et bourdonnent, ou elles carillonnent à leur cou. C'est étrange, et bien qu'elles soient déjà très loin, elles dégagent toujours la même tristesse. »

Façade de la maison achetée par Claude-Achille Clarac, diplomate français et mari d'Annemarie. Autrefois située à l'extérieur de la ville, la maison, actuellement résidence de l'ambassadeur d'Italie, se trouve maintenant dans le « centre » de Téhéran en raison de l'incroyable extension de la capitale en un demi-siècle.

Malgré le chagrin qu'elle ressent parfois devant le « champ de ruines » qu'est devenu Rey, l'écrivain semble prendre goût au travail répétitif des fouilles. Ce « ne fut pas une vie désagréable, nous travaillions beaucoup, nos poteries islamiques et les vestiges chinois nous occupaient tellement que le son des cloches des caravanes parvenait à peine jusqu'à nous ». « Pendant les mois de canicule la cloche sonnait à quatre heures, en automne à cinq heures. L'aube des journées d'automne était la continuation de la nuit. Les dégradés de lumière qui passaient dans le ciel pâle étaient étonnants. Nous partions en camion sur les fouilles où nos ouvriers récitaient leur prière du matin, tournés vers l'est. Parfois il faisait un froid glacial, mais à huit heures, quand sonnait la cloche du petit déjeuner, le soleil était déjà devant la tente, et pendant que nous mangions nous enlevions nos gilets. La matinée était longue, la journée courte. L'obscurité envahissait le musée pendant que, juchés sur nos tabourets, nous classions les objets et les numérotions pour le catalogue. »

Malgré tout, l'angoisse n'est pas pour autant absente de sa vie. Le soir, lorsqu'elle traverse le jardin pour regagner sa chambre, Annemarie demande à un de ses collègues de l'accompagner, quand elle n'en rejoint pas un autre pour fumer une pipe de haschich, à même de rendre son sommeil plus léger. Elle note d'ailleurs dans « Trois fois en Perse », une des nouvelles de *La Mort en Perse* : « [...] Lentement, le monde des rêves accrut son emprise sur moi, et encore plus lentement la peur. Puis je commençai à comprendre la grandeur mortelle de ce pays qui nous ravissait tous les matins avec toutes ses beautés et son aube surnaturelle. » Sans aller jusqu'à partager le sentiment mortifère que commence à développer le pays chez la fragile jeune femme, sa description de l'emprise progressive qu'exercent sur les voyageurs la démesure du paysage et ses magnifiques lumières est tout à fait juste.

En décembre, le chantier fini, Annemarie reprend une fois de plus le chemin de l'Europe et de la Suisse, ne pouvant se résoudre à rester éloignée de ses amis dans un pays qui lui semble si grand.

À son retour, le scandale provoqué par la représentation à Zürich du *Moulin à poivre*, la pièce de théâtre de son amie Erika Mann pour laquelle elle a pris publiquement position dans la presse, lui porte un coup redoutable. L'incident vient entacher les relations déjà difficiles qu'elle entretient avec sa mère, et se solde par une dégradation de ses rapports avec Erika Mann, qui livre quelques mois plus tard un commentaire des plus acides à l'annonce du mariage d'Annemarie : « Oui, A. écrit qu'elle va épouser le jeune conseiller de légation. Mais elle doit d'abord demander chez elle si elle a le droit de choisir un "catholique français" — c'est ce qu'elle écrit mot pour mot. C'est bien ainsi. »

Une existence solitaire

« … Christina effleurait les touches du piano à queue. Sa silhouette était à peine visible dans la pénombre, mais je sentais quel respect la pénétrait lorsque l'élégance d'une musique de Mozart, née dans la lointaine Europe, s'évadait de la chambre pour emplir l'odorante nuit persane. »

En janvier, alors qu'elle entre en clinique pour une cure de repos, elle fait sa première tentative de suicide. Cherchant une fois de plus à échapper au sentiment d'angoisse qui la ronge, elle décide, contre l'avis de sa mère, de repartir pour Téhéran et d'épouser Claude Clarac. À la mi-avril, les futurs époux se retrouvent à Beyrouth. Le diplomate français offre à la jeune femme une vieille Buick avec laquelle ils partent en excursion dans le Kurdistan avant de rejoindre la capitale. Le mariage a lieu à l'ambassade de France le 21 mai, et l'écrivain devient alors citoyenne française. Elle signera d'ailleurs bon nombre de ses textes de l'époque du nom de son époux, ou encore de leurs deux noms accolés. Malgré tout, elle se fait peu d'illusions sur l'avenir de son foyer, comme elle le confesse dans une lettre adressée à Klaus Mann le 19 mai : « Vois-tu, je réalise tout à fait maintenant combien il est rare et presque impossible de vivre avec un être nouveau, comme je le ferais sûrement avec

Dans une lettre datée du 9 mai 1935 qu'elle envoie à Klaus Mann, Annemarie confesse mener une vie « très solitaire, dans un paisible jardin et sans être dérangée ».
(Annemarie Schwarzenbach, *La Vallée heureuse*)

Malgré une indépendance très grande, les jeunes époux éprouvent une affection non feinte l'un pour l'autre. De son mari, dont elle apprécie beaucoup les qualités, elle dit à Klaus Mann dans une lettre datée du 8 juillet 1935, qu'il « a le don d'accepter calmement les choses comme elles se présentent, ce qui signifie qu'il vit totalement dans la réalité et ne se tourmente guère au sujet du passé ou de ce qui est loin... » (Annemarie Schwarzenbach, *La Vallée heureuse*)

toi, sans difficulté et avec plaisir. Mais je vois que Claude ne le remarque pas, je ne le fais donc pas souffrir – je m'en réjouis, mais je ne peux m'empêcher de m'étonner parfois qu'il ne se doute pas que, loin d'Erika, je ne puisse pas être très heureuse. »

Une nouvelle vie commence donc pour Annemarie, à la fois de villégiature et de repli, dans leur propriété de Téhéran. Elle endosse le rôle peu confortable pour elle d'une femme de diplomate, astreinte à certaines mondanités et devoirs qu'elle minimise le plus possible pour réserver son temps à ses écrits. Son mari a d'ailleurs accepté, parmi certaines conditions imposées préalablement à leur mariage, que la vocation littéraire reste la chose la plus importante pour la jeune femme. Une deuxième exigence a également été posée par Annemarie, celle de sa liberté sexuelle, l'écrivain n'ayant jamais dissimulé son goût pour les femmes. Ceci n'empêcha pas pour autant les deux époux d'éprouver une tendresse très forte l'un envers l'autre, et de passer de longs moments d'intimité ensemble. Un poème écrit par Claude Clarac, dont une copie est conservée dans leur ancienne maison de Téhéran, témoigne d'ailleurs avec une ferveur étonnante de tout l'attachement qui subsista chez lui pour cette femme énigmatique avec laquelle il resta marié jusqu'à sa mort.

Dans leur magnifique demeure, située sur les hauteurs de la ville, la jeune femme vit une existence recluse qu'elle met à profit en achevant un recueil de nouvelles intitulé *La Cage aux faucons*, qui sera malheureusement refusé par tous les éditeurs auxquels elle le soumet malgré le soutien de Thomas Mann. Elle passe le reste de ses journées à nager, à jouer du piano et à monter à cheval dans les environs.

Malgré son retranchement, elle s'intéresse à certains événements politiques locaux. Elle est ainsi très touchée par l'autorisation donnée aux femmes par le Shâh Pahlavi de se montrer sans voile dans les lieux publics. Ce décret entraîne des troubles importants, notamment à Mashad, au sanctuaire de l'imam Rezâ, où un mouvement contestataire des mollahs est maté dans le sang. En fait, les seules personnes se pliant, bon gré mal gré, à cette nouvelle loi sont les grands de la cour, les ministres et les gouverneurs dont « [...] les épouses invitées devaient paraître sans tchador. La foule se pressait à l'entrée pour assister à l'arrivée des fiacres d'où descendaient ces dames tout intimidées et troublées ». Ce mouvement s'intensifia après l'accession au trône du fils Pahlavi, à la fin de la Seconde Guerre mondiale. Poursuivant l'entreprise de son père avec des méthodes tout aussi terribles, il ordonna à sa police d'arracher les foulards des femmes dans les rues afin d'accélérer le passage de son pays à la modernité. Les conséquences en furent celles que l'on sait.

Le répit relatif dans lequel se trouve Annemarie en ce début de séjour est malheureusement de courte durée. Elle supporte mal la chaleur redoutable qui s'est abattue sur Téhéran : « [...] La canicule était si accablante qu'elle semblait couver dans les murs comme dans des fours arrondis dont elle s'exhalait le soir pour inonder les ruelles étroites et les rues neuves, larges et dépourvues d'ombre, sans qu'un souffle d'air extérieur ne laissât s'infiltrer un peu de fraîcheur de la nuit. Dans les jardins de Shémiran, il faisait plus frais. Si on les quittait, on était littéralement assailli par une lumière blanche et tremblante ; la paroi rocheuse du Tauschal s'élevait dans une transparence gris clair, comme tendue de voiles formés par la chaleur ; le ciel bien trop blanc était voilé lui aussi, et la plaine enveloppée de brume blanche. » L'éloignement de sa famille et de ses amis, ainsi que l'isolement où elle se trouve au sein du milieu diplomatique, ajoutent à son désarroi et ne tardent pas à la faire plonger à nouveau dans la drogue. Une dépendance qu'elle réussit à masquer à ses proches, principalement à son mari,

CI-CONTRE :
Vue du magnifique salon de la maison de Claude-Achille Clarac, récemment restauré et réaménagé dans un esprit très proche de celui de son premier propriétaire. C'est là qu'Annemarie passait ses journées à lire et à écrire.

qui n'est pas alors conscient des tourments dans lesquels elle se trouve. Un accès de malaria vient s'ajouter à cette situation déjà difficile.

Son seul réconfort est alors une jeune turque, fille d'un diplomate qu'elle a rencontrée à une réception et qui est aussi gravement malade. L'écrivain lui rend souvent visite et tombe bientôt éperdument amoureuse de Yalé, à qui elle consacre de très beaux extraits dans ses textes. Mais le père de la jeune fille, voyant d'un assez mauvais œil leur relation, leur interdit rapidement de se fréquenter. Craignant le scandale et cherchant à préserver Annemarie de la dégradation physique de la maladie, son mari la convainc d'accepter une invitation qui leur a été faite de participer à un camp d'été, organisé par la légation britannique dans une vallée d'altitude située au pied du mont Damâvand, la vallée du Lâr, surnommée la Vallée heureuse par les Iraniens. De ce périple, qui aurait dû être un séjour d'agrément, elle tirera deux de ses récits majeurs. Dans *La Mort en Perse*, qu'elle rédige en premier et qui n'était pas au départ destiné à être publié, elle livre de façon directe et désordonnée son expérience de la solitude au camp et à travers ses souvenirs d'Iran, sa dépendance à la drogue et son amour homosexuel pour Yalé. Ces premiers textes lui inspireront plus tard un second récit, *La Vallée heureuse*, où elle recourt au subterfuge d'un narrateur masculin pour décrire son effroi intérieur, auquel la vallée semble répondre en miroir. Son style est ici plus tenu et l'ensemble de ses souvenirs s'y organise de façon plus cohérente.

CI-DESSOUS :
Les splendides villas des résidents européens n'échappaient pas à la chaleur étouffante de l'été malgré leur situation privilégiée, sur les hauteurs du nord de Téhéran.

PAGE DE DROITE :
Les environs de la capitale en direction du Damâvand sont encore très préservés et sont autant d'occasions d'excursions et de randonnées pédestres, un loisir très prisé par les Iraniens.

La vallée du Lâr

«… Mais chaque matin, quand je quitte ma tente, je suis étonnée de la beauté toujours renaissante de cette vallée. »

À la fin du mois de juillet, l'écrivain, accompagnée de son mari et de quelques amis, se met donc en route pour la vallée du Lâr. Elle traverse tout d'abord « la morne plaine désertique de Téhéran, puis un océan immobile de collines, montant et descendant ces dunes jaunes jusqu'en haut du col d'où elles plongent brutalement, décrivant d'effrayants virages, dans la vallée encaissée de Rudehend. Deux heures de voiture, mais maintenant tout était très loin, tout s'évanouissait. Devant nous, une aube nouvelle ! »

Aucune route ne desservant à cette époque ce coin perdu, la troupe doit emprunter des mulets à partir de Abala pour poursuivre son chemin. La pente est escarpée et le soleil déjà haut. Les premiers kilomètres de chemin bordés par des bosquets de noyers et des vignes cèdent rapidement la place aux rochers arides. Après une halte dans une première vallée, l'écrivain et ses compagnons franchissent un deuxième col, épuisés par la température. Au sein de cette nature désolée, les seuls êtres vivants qu'ils rencontrent sont des chameaux qui « tels des animaux fabuleux [longent] les étroites bandes d'herbe, étirant tous le cou de façon étrangement parallèle. Ils arrachent l'herbe en mesure et relèvent leur long cou en cadence. Ils s'arrêtent et sont si grands et si menaçants au-dessus de nous que nous craignons qu'ils ne nous écrasent en tombant du ciel. Mais ils redescendent de leur allure dégingandée, leurs bosses toutes chancelantes, et nous nous rejoignons juste au niveau du col. »

Alors que les voyageurs franchissent le col, la silhouette massive du Damâvand apparaît, surmonté de sa calotte de neiges éternelles. Avant de parvenir à ses pieds, il leur faut encore traverser une large vallée où ils croisent quelques nomades ayant établi leur campement d'été. Et ce n'est qu'à la tombée de la nuit que l'écrivain rejoint le camp de la légation britannique dont le luxe, dans ces contrées sauvages, est des plus étonnants. « Les tentes sont alignées sur la bande d'herbe tout près du fleuve. Elles viennent d'Inde et s'appellent des "chalets suisses" ; elles sont doublées, un auvent est déployé au-dessus de la tente intérieure en étoffe jaune. Ainsi, chacune d'entre elles est pourvue d'une petite terrasse ombragée où l'on se tient pendant la matinée avec des livres et de quoi écrire ; le fleuve coule tranquillement à nos pieds, en direction de la vallée. En bas se dresse l'éternelle et rayonnante pyramide du Damâvand. Des deux côtés de la vallée, les rochers gris, d'un gris si clair qu'ils en sont presque argentés – et au-delà, vers le sud, immaculé et incroyablement serein, le bleu sombre du ciel. » À lire cette description idyllique, il est difficile de croire qu'au cours des journées qui allaient suivre, la vallée deviendrait peu à peu le catalyseur des angoisses terribles de l'écrivain. Le parallèle entre ce lieu splendide et désert, et la beauté torturée de l'auteur, s'inscrit d'ailleurs en filigrane de ses textes.

Au sein du camp, la vie s'organise simplement, mais avec tout le confort nécessaire à une population de choix. Le thé ne manque jamais d'être servi, avec toute la solennité anglaise requise, à 17 heures, tandis que le soir les serviteurs remplissent des « baignoirs en toile de voile » où les vacanciers se délassent. Les journées sont occupées par les baignades dans le fleuve, des excursions à cheval, et quelques parties de pêche en compagnie de Kerim, un vieux Persan. « J'apprends de lui où jouent les truites et où elle se tiennent cachées, dans l'eau claire et tranquille sous les bancs de sable dans une fraîche obscurité. »

Le long de l'ancienne piste qui mène à la vallée reculée du Lâr, au pied du mont Damâvand, les villages disparaissent peu à peu pour laisser la place aux silhouettes décharnées des hautes montagnes.

Une angoisse récidivante

« Autrefois, tous les chemins s'ouvraient devant moi [...], pourquoi ai-je suivi obstinément des chemins de traverse, des chemins sans issue – et ils aboutissent tous ici, dans cette "vallée heureuse", d'où l'on ne peut revenir. »

Mais la vie tonique de cette vallée d'altitude ne tarde pas à s'estomper devant l'angoisse qui se fait chaque jour plus pressante, et trouve un écho démesuré dans la solitude du paysage. « Qu'est-ce qui a changé depuis ? On lève lentement la main et on serre le poing. Impossible de serrer le poing. Tout est fade et insipide, et le manque d'envie, maladie affreusement éprouvante, pire que la malaria, niche déjà dans votre dos, dans vos genoux, dans votre nuque. Les mains deviennent moites, parler demande trop d'efforts. Il faut se lever et marcher ! Les battements du cœur s'accélèrent, et on longe le fleuve, en hâtant le pas pour ne pas succomber à la tentation de se jeter par terre et de pleurer à force de lassitude et de désespoir. Non, on ne pleurera pas. C'est beaucoup, beaucoup plus grave que cela. On est seul. » La dépression dans laquelle s'enfonce la jeune femme est terrible ; elle sent déjà qu'un nouveau départ ne lui apportera aucune issue. Ni le retour vers Téhéran, ni celui vers sa Suisse natale, où les relations qu'elle entretient avec sa mère autoritaire sont complexes, ne lui seront d'aucun secours. Elle a la conviction que rien, dorénavant, ne pourra lui apporter cette paix lointaine enfouie dans l'enfance. La Vallée heureuse, celle du fleuve, des troupeaux de chevaux en liberté et du ciel bleu, a cédé la place à une vallée désolée, où la tristesse des rochers, le silence et l'abandon rendent encore plus difficile la nécessité de vivre. Comme souvent chez les grands dépressifs, Annemarie n'est pas épargnée par une clairvoyance redoutable qui renforce encore son effroi : « N'ai-je pas quitté l'Europe et mon pays natal par probité ? Cela fait maintenant deux ans ; il s'agissait là-bas de faire un choix et de lutter pour quelque chose,

même si l'on n'avait pas choisi le grand conflit qui déchire les peuples et empoisonne les gens. Il était déloyal de regarder sans rien faire – et de toute façon cela m'était insupportable. Mais je voulais encore moins lutter, le rôle que l'on m'imposait me semblait faux. Oui, je suis partie par probité, et beaucoup de gens m'ont envié ma liberté et mon choix. Mais c'est ici que la liberté perd tout son sens. Je ne veux plus revendiquer ma liberté, je voudrais seulement rentrer et je ne peux pas, je ne peux pas et je le sais. »

Pour résister à la dépression, Annemarie recours à l'écriture et commence la rédaction de *La Mort en Perse*. De retour à Téhéran, Annemarie fait la rencontre de Barbara Hamilton-Wright dont elle s'éprend, et qui l'aide à surmonter la mort de la jeune Turque Yalé. En compagnie de l'américaine, l'écrivain retourne une dernière fois à Persépolis, où elle retrouve un de ses amis archéologues. Mais le chantier n'est plus ce qu'il était. Le professeur Herzfeld, le responsable des fouilles depuis de longues années, en tant que juif allemand, est devenu indésirable aux yeux du nouveau régime de Berlin. Il a dû s'exiler vers les États-Unis, avec ses malles et ses documents, et le site est dorénavant aux mains de jeunes américains que la jeune femme trouve trop « boy-scouts » pour mener à bien cette entreprise.

Durant ses derniers mois persans, elle tente de faire venir Klaus Mann. Mais, ce dernier décide au dernier moment, malgré le financement envoyé par Annemarie, de renoncer à son voyage en partie sur les conseils de sa sœur, comme il le note dans son journal en date du 19 septembre 1935 : « Appel d'E. (de Moravie-Ostrava), qui me déconseille expressément de voyager. (Malaria à Téhéran ; guerre imminente ; état pitoyable de Miros). Désormais, absolue incertitude [...] j'ai moi-même un pressentiment inquiétant [...]. » La jeune femme en est profondément attristée et ne se remettra de cette nouvelle contrariété que grâce à sa nouvelle compagne.

« Les mulets plantaient patiemment leurs petits sabots dans les éboulis. Le col était très élevé. En haut, il y avait du vent, et les nuages filaient à toute vitesse ; ils se dissipaient au-dessus de la plaine lointaine, et on ne voyait rien qu'une immensité de ciel et de terre désolée qui s'embrassaient à s'étouffer. »
(Annemarie Schwarzenbach, *La Mort en Perse*)

DOUBLE PAGE SUIVANTE :
« Alors, le Damâvand apparut aux confins de la plaine. Minuscule triangle dans le ciel bleu de la nuit, d'un blanc immaculé, brillant... »
(Annemarie Schwarzenbach, *La Mort en Perse*)

PAGE DE GAUCHE :
« Beaucoup de vallées, portant un nom ou pas, débouchent ici, leurs torrents tout écumants — en arrière, elles se perdent dans le bleu des montagnes. »
(Annemarie Schwarzenbach, *La Mort en Perse*)

CI-CONTRE :
« Quelquefois, nous appelons cette vallée "Fin du monde", car elle s'étend bien au-dessus des hauts plateaux du monde, loin des routes de plaine fréquentées. »
(Annemarie Schwarzenbach, *La Mort en Perse*)

En octobre, elle quitte la Perse pour rentrer en Suisse. Durant les années qui suivent, elle continue inlassablement de voyager, en Europe et aux États-Unis. Ses déplacements sont marqués de nombreuses rencontres, d'amours malheureuses comme avec l'écrivain Carson Mc Cullers, entrecoupées de cures de désintoxication et de dépressions. La tension qui grandit dans la vieille Europe et son incapacité à se détacher d'une famille aux sympathies marquées pour l'extrême droite nazie l'éloignent irrémédiablement d'Erika et Klaus Mann.

Une attirance persistante

« Et depuis lors j'ai essayé de toutes les manières de vivre en Perse. [...] Deux fois je suis partie, deux fois je suis revenue, comme si je devais de la fidélité à ce pays. »

Lors d'une des cures qu'elle effectue dans une clinique d'Yverdon, en Suisse, elle rencontre Ella Maillart avec laquelle elle élabore le projet d'un voyage en Afghanistan. Ses raisons lui paraissent cette fois beaucoup plus claires : « J'ai trente ans. C'est là une dernière chance pour corriger ma manière de vivre, une dernière tentative pour me prendre en main. Ce voyage ne sera pas une folle escapade, comme si nous avions vingt ans ; et d'ailleurs ce serait impossible avec l'actuelle tragédie européenne. Ce voyage d'étude doit nous aider à atteindre notre but : devenir enfin des êtres conscients, capables de répondre d'eux-mêmes. Il m'est devenu insupportable de vivre ainsi à l'aveuglette. [...] Quelle est la cause, quelle est la signification de ce chaos qui sape hommes et nations ? Et puis, enfin, il doit y avoir quelque chose que je puisse faire de ma vie, une idée, un but pour lequel je puisse mourir avec joie ou vivre. » Malheureusement, cette vague d'espoir est, une fois encore, de courte durée. Dès Sofia, Annemarie recommence à se droguer et les soupçons d'Ella Maillart quant à la viabilité de leur voyage commun se confirment peu à peu. Cette dernière ne cache pas, malgré une certaine affection, un dédain teinté d'incompréhension pour sa compatriote, qui

« D'autres montent vers la vallée, et on les voit de loin. Ce sont des ânes et des cavaliers, parfois des chameaux. Des caravanes, des nomades, des soldats. »
(Annemarie Schwarzenbach, *La Mort en Perse*)

deviendra le personnage de Christina dans son récit intitulé *La Voie cruelle*. Les raisons qui ont poussé Ella Maillart à accepter la compagnie de la turbulente mais riche Annemarie semblent, avec le recul, plus prosaïques qu'affectives.
Sur le chemin de l'Afghanistan, qu'elle prend en juin 1939, l'écrivain traverse donc une dernière fois la Perse, devenue officiellement

« Nos tentes se trouvent dans un pré, au bord du fleuve Lâr. Le fond de la vallée est à une altitude de deux mille cinq cents mètres [...] cela semble beaucoup, mais, en réalité, cela représente peu de chose, car tout autour de nous on voit des chaînes de montagnes et des sommets qui dominent notre vallée de très haut. »
(Annemarie Schwarzenbach, *La Vallée heureuse*)

l'Iran. Après avoir franchi la frontière en Turquie, les deux femmes rejoignent Téhéran à travers l'Azerbaïdjan, Marand, Tabriz et Soltânieh. De la capitale, où elles restent quelques jours, Ella Maillart écrit : « Trois maisons différentes, trois manières de vivre et trois piscines [...] ainsi pourrait se résumer notre séjour forcé à Téhéran. [...] Nous devions partir au plus vite avant que Téhéran nous eût complètement affaiblies. J'étais à moitié empoisonnée par les élucubrations de trop nombreux dîners. » Fuyant les mondanités, les deux femmes reprennent la route et retrouvent les pentes verdoyantes du Mâzandarân qu'Annemarie avait explorées quelques années plus tôt. Puis, suivant les traces de Robert Byron dont la lecture a inspiré Ella Maillart, elles poursuivent jusqu'à Gonbad-e Kâvus, puis Shâhroud et enfin Mashad. Le 6 août, elles arrivent à Kaboul. Ella Maillart y laisse Annemarie, très affaiblie et de nouveau plongée sans retenue dans la drogue, poursuivant seule jusqu'à New Delhi. En janvier 1940, l'écrivain encore fragilisée se rend à son tour en Inde, avant de regagner la Suisse en avril, via l'Italie.

Durant les deux courtes années qui lui restent à vivre, elle multiplie les voyages et les reportages, allant des États-Unis à l'Afrique, en passant par le Portugal. Au Congo, elle cherche à s'engager dans les troupes libres du général de Gaulle, mais les responsables des réseaux de résistance voient d'un mauvais œil son étrange statut de française d'origine suisse allemande, et femme d'un diplomate français au service du régime de Vichy. En mai 1942, elle rend une dernière visite à son mari, en poste à Tetuan au Maroc. Quelques mois plus tard, de retour en Suisse, elle trouve la mort des suites d'un accident de bicyclette près du village de Sils-Maria, où Friedrich Niezstche avait rédigé ses principaux ouvrages cinquante ans plus tôt.

Guide

« Le pays fumait, baignait dans la lumière du soir. Et, à l'infini [...] les huttes, les troupeaux, les arbres, l'eau, à l'infini des collines et toujours de nouvelles collines, à l'infini la terre vivante – le monde m'était de nouveau donné. C'est ainsi que j'entrai pour la première fois en Perse. »

Se rendre en Iran

L'Iran est aujourd'hui beaucoup plus accessible aux voyageurs qu'il y a une dizaine d'années. Outre les principaux tour-opérateurs, qui proposent de nombreux circuits assez complets, les voyageurs peuvent aussi facilement se déplacer par leurs propres moyens – une façon plus économique et plus inattendue de découvrir ce vaste pays et d'apprécier l'hospitalité iranienne qui n'a pas volé sa réputation. Pour ce faire, le plus simple est de se rendre en avion en Iran par la compagnie Iran Air, qui facilite les obtentions de visa (il faut néanmoins compter un délai de trois à quatre semaines).

Il est aussi possible d'y accéder par voie de terre, via l'un des nombreux pays limitrophes. Toutefois, les visas délivrés dans ce cas sont des visas de transit et ne couvrent qu'une courte durée, en général dix jours. Il est donc nécessaire de demander une extension de visa au-delà de la période accordée, une démarche contraignante pouvant prendre de deux à sept jours.

PAGE DE GAUCHE ET CI-DESSOUS : Construite il y a environ 2000 ans, l'ancienne ville citadelle de Bam, dans le sud-est du pays, offre un panorama exceptionnel sur les chaînes de montagnes qui bordent le terrible désert du Lut.

Circuler dans le pays

Une fois sur place, les déplacements à l'intérieur du pays sont libres. Le réseau aérien interne est dense et couvre les principales villes du pays. Le réseau routier est en bon état, les plus grandes agglomérations étant reliées par des autoroutes. La conduite est toutefois assez « sportive », notamment chez les chauffeurs routiers. Il est donc plus recommandé, si votre budget le permet, de recourir aux services des taxis, plus aguerris, qui relient les villes les unes aux autres, et dont les tarifs restent inférieurs aux locations de voiture sans chauffeur. Il existe aussi de nombreuses liaisons par bus, dont les prix sont nettement inférieurs et le niveau de confort variable. Cette dernière solution facilite les contacts et les rencontres avec la population, mais peut se révéler fatigante sur de longs parcours.

Se loger

L'hébergement ne pose en général pas de problème. Les hôtels sont assez nombreux mais souvent vétustes. Héritage malheureux des premiers élans socialistes de la révolution islamique, le gouvernement iranien impose aux étrangers de payer leur chambre en dollars, à des tarifs cinq à six fois plus élevés que les prix iraniens. La seule astuce possible pour échapper à ce règlement discriminatoire est de choisir des hôtels privés, leurs propriétaires étant plus enclins aux négociations que les fonctionnaires zélés des hôtels d'État. Les réservations ne sont pas monnaie courante, sauf dans des villes très touristiques telles qu'Ispahan, Shirâz, Mashad ou Téhéran – ou en période de fêtes iraniennes. Pour les plus téméraires, qui choisiront de parcourir l'Iran par les chemins de traverse, reste la solution du logement chez l'habitant qui est à déconseiller si vous ne possédez pas quelques rudiments de persan.

CI-DESSUS : L'Iran possède une cuisine très variée mêlant les saveurs vertes, sucrées et acidulées. On retrouve sur les fresques du XVIIIe siècle le même cérémonial de la table qu'aujourd'hui, l'ensemble des plats étant servis dès le début du repas.

L'art culinaire

Dans le registre culinaire, l'Iran possède des lettres de noblesse insoupçonnées. Sa cuisine savoureuse, le plus souvent à base de riz, associe des saveurs aigres-douces et utilise de nombreuses herbes fraîches. Les experts gastronomes la situent au troisième rang des cuisines du monde, derrière la France et la Chine, pour sa variété et ses associations de goûts. Malheureusement cette cuisine très familiale demande une préparation longue et une certaine habileté. Ce qui explique sans doute qu'elle soit aussi peu accessible dans les restaurants, qui présentent presque inlassablement les même cartes de grillades. Les plus gourmands devront donc absolument se faire inviter par une famille pour la déguster.

La saison

La Perse étant dotée d'un climat majoritairement continental, le temps est assez froid l'hiver, et très chaud l'été. Les saisons de l'automne et du printemps sont donc recommandées pour découvrir le pays, en prenant garde d'éviter les fêtes de Now Rouz, le Nouvel An iranien à la fin mars, et les processions de Muharram, ayant lieu courant avril-mai, qui paralysent la vie du pays. Si l'on est tenté par les « extrêmes », on peut choisir de se rendre dans les provinces humides du nord durant l'été, ou en hiver dans les zones arides en bordure du golfe Persique où les températures descendent rarement en dessous de 20° C. Selon la période retenue et les endroits visités, on peut, en un seul séjour, compte tenu de l'étendue et de la diversité du pays, affronter la canicule, la pluie et les tempêtes de neige.

Les achats

Pays de marchands, l'Iran est aussi celui de la négociation. Plus qu'une habitude, le marchandage est un trait culturel important. Le marchand auquel vous achèterez un produit sans discuter, n'aura guère de considération pour vous et ne sera pas nécessairement satisfait, même s'il gagne plus d'argent. La négociation est une façon de lier connaissance et de discuter. Tout ou presque se négocie, surtout dans le contexte économique actuel, très difficile, qui pousse certains commerçants à faire flamber les prix avec les étrangers. Les produits à ramener sont assez nombreux ; cela va des fameux tapis persans aux précieux pistils de safran, en passant par toute la large gamme d'un artisanat encore très vivant. Les objets anciens sont évidemment les plus beaux mais les douanes sont assez sévères et retiennent souvent des pièces jugées trop anciennes. Il convient donc de se renseigner sur place avant de repartir pour éviter de mauvaises surprises.

L'art de recevoir

Parmi les nombreuses coutumes locales, il en est une à laquelle personne ne saurait déroger, le *pazirâi*, ou art de recevoir, devenu au fil des siècles un véritable art de vivre. Votre hôte iranien s'efforcera toujours de vous satisfaire dans la mesure de ses moyens, en vous honorant de nombreuses formules de politesse. Les nombreux thés, biscuits et fruits offerts à chaque visite privée participent de cette coutume. Pensez donc, si vous avez la chance d'être reçu dans une famille persane, à rendre la pareille en offrant à votre tour un cadeau. Attention aussi à ne pas commettre certaines bévues d'un autre ordre : par exemple, lorsqu'un chauffeur de taxi, auquel vous demandez le montant de la course que vous venez de faire, fait mine de refuser de parler d'argent en vous disant que vous êtes son invité, ne pensez pas qu'il pousse le *pazirâi* jusqu'à vous offrir ses services, il s'agit simplement d'une politesse introduisant une négociation.

Sous le dogme coranique

Enfin, dernier point important au registre des généralités : l'Iran est une république islamique régie par la sainte loi du Coran. Le port du voile est par conséquent obligatoire pour les femmes, y compris pour les voyageuses étrangères. Par ailleurs, les concubins ne pourront prétendre à une chambre commune, le mariage étant obligatoire pour fréquenter une femme avec laquelle on ne possède pas de lien familial direct. D'autre part, l'alcool, les images pornographiques et l'usage de drogues sont proscrits et sévèrement punis. Il est donc recommandé d'éviter certaines tentations, proposées clandestinement.

Itinéraires
Loti
Byron
Schwarzenbach
ARMÉNIE
AZERBAÏDJAN
AZ.
TURQUIE
TURKMÉNISTAN
MER CASPIENNE
Barzargân
Djolfâh
Araxe
Orumieh
Tabriz
Ardebil
Âstârâ
Azerbaïdjan
Lac d'Orumieh
Marâqeh
Bandar-e Anzali
Rasht
Sefid Rud
Shâh Rud
Zandjân
Zarin-e Rud
Gilân
Qazvin
Kurdistan
Sanandadj
Bandar-e Torkman
Bâbol
Amol
Sâri
Gorgân
Elbourz
Mâzandarân
Atrak
Gonbad-e Kâvus
Bodjourd
Mashad
Nishâpour
Shârhoud
Dâmqân
Semnân
Téhéran
Damâvand
Hamadân
Qasr-e Chirin
Kermânshâh
Arâk
Qom
Kâshân
Désert du Dasht-e Kavir
Gonâbâd
Tabas
Birdjand
AFGHANISTAN
Khorrâmâbâd
Ardestân
Karkheh
Dez
MONTS ZAGROS
Zâyandeh Rud
Ispahan
Nâ'in
Rafsandjân
Dezfoul
Shahr-e Kord
Sabzevar
Khorassân
Yazd
Karoun
Désert du Lut
IRAK
Ahvâz
Khouzistân
Yâsoudj
Zabol
Maroun
Khorramsharhr
Âbâdân
Kermân
Kâzeroun
Persépolis
Mahân
Zâhedân
KOWEIT
Sirdjân
Shirâz
PAKISTAN
Busher
Fârs
Firouzâbâd
Golfe persique
Lâr
Bandar Abbâs
Balouchistan
Irânshahr
Qeshm
Bandar Lengeh
ARABIE SAOUDITE
BAHREIN
OMAN
Tchâh Bahâr
QATAR
Golfe d'Oman
ÉMIRATS ARABES UNIS
OMAN
0
100
200 km

DE GAUCHE À DROITE : Détail de mosaïque de la mosquée Bleue à Tabriz.

Retiré dans une vallée d'altitude isolée, le village troglodyte de Kandovan coule une existence paisible.

Charbons et tuyaux de pipes à eau, dans une maison de thé à Busher.

CI-DESSOUS : Cour intérieure de la maison de la Constitution à Tabriz qui fut le théâtre agité du soulèvement de 1906.

Avertissement

Dans les pages qui suivent, vous trouverez les indications principales permettant de réaliser les différentes excursions de nos écrivains voyageurs, classées par région. Pour tous les renseignements pratiques concernant les ouvertures des monuments et leur accès, vous pouvez vous reporter aux quelques guides actuellement disponibles : le guide *Faramarzi* (en langue anglaise), que l'on peut facilement se procurer sur place, le guide *Olizane*, récemment réactualisé et bien documenté même s'il ne couvre pas toutes les régions, le *Lonely Planet*, correct mais parfois approximatif. Les heures d'ouverture pouvant toutefois être très variables d'une période à l'autre, n'hésitez pas, dans certaines petites villes, si vous vous trouvez face à un monument fermé, à demander à des personnes rencontrées à proximité s'il n'est pas malgré tout possible d'y entrer ; les solutions inattendues sont assez fréquentes !

Provinces d'Azerbaïdjan

Composé de deux provinces, celle de l'ouest et celle de l'est, l'Azerbaïdjan est majoritairement peuplé de populations turcophones. C'est une région très montagneuse, extrêmement froide en hiver.

Tabriz

Capitale de la province, la ville possède un passé chargé. L'imprimerie iranienne y fit ses débuts au XIXe siècle, tandis que les premiers élans révolutionnaires embrasèrent la ville au début du XXe siècle. Malheureusement, exposée aux invasions du fait de sa proximité avec la Turquie et la Russie, elle connut de nombreux saccages, dont les derniers, opérés par les Russes, datent de 1908 et endommagèrent gravement son patrimoine architectural. Outre les quelques monuments de la ville, le visiteur curieux pourra s'intéresser à la cuisine, réputée parmi les meilleures d'Iran, ou, s'il est persophone, flâner dans les librairies.

Office de tourisme
Behind Bâq-e Golestân,
Koutche Pâshâ
Tél. : (041) 348 456. Fax : (041) 818 907

Le vieux bazar

Situé le long de l'avenue Motahari, le vieux bazar possède de magnifiques allées voûtées et un ravissant bazar de tapis. Même s'il a perdu de son importance, il garde encore un peu de son faste passé et quelques particularités comme les échoppes de marchands de chapeaux azéris, uniques dans le pays.

La Masjed-e Kâboud, aussi appelée mosquée Bleue

Située au nord de l'avenue Imam Khomeyni, la mosquée Bleue a fait l'objet d'importants travaux de restauration qui ont permis de remonter ses splendides vestiges de céramiques dans leur contexte originel.

La Arg-e Ali Shah (citadelle d'Ali Shah)

Il ne reste malheureusement aujourd'hui qu'une arche de brique monumentale de cet énorme bâtiment datant du XIVe siècle. Improprement appelée citadelle, cette construction fut sans doute l'une des plus grandes mosquées jamais érigées en Iran.

La maison de la Constitution

Située à proximité du grand bazar, sur l'avenue Motahari, cette charmante maison qâdjâr fût le théâtre des débats enflammés qui animèrent la révolution constitutionnelle de 1906.

Kandovan

En quittant Tabriz en direction de Marâqeh, vous pourrez découvrir ce village troglodyte tout à fait atypique, situé à une trentaine de kilomètres dans la montagne. Des habitations ont été aménagées dans les roches en forme de cônes qui hérissent la paroi de cette vallée. Ses habitants, principalement des bergers, récoltent aussi un miel sauvage des plus délicieux, dont certaines variétés sont utilisées en pommade pour soigner les rhumatismes.

Marâqeh

L'intérêt principal de cette petite ville, ancienne capitale de l'Azerbaïdjan sous les Mongols, réside dans ses monuments d'époque seldjukide. La route qui y mène en venant de Tabriz permet de découvrir les magnifiques paysages qui bordent le gigantesque lac salé d'Orumieh.

L'Observatoire

Datant du XIIIe siècle, l'Observatoire est situé sur une hauteur qui surplombe la ville et les montagnes environnantes. Seules quelques figures géométriques en galets, tracées au sol, en subsistent ainsi que les restes d'un promontoire central.

Gonbad-e Sorkh

Gonbad-e Sorkh est considéré comme le plus vieux monument de la ville. Ce mausolée carré de brique rouge possède de magnifiques céramiques bleues et d'intéressants moulages de plâtre géométriques.

Gonbad-e Kâbud

Ce mausolée de forme octogonale, qui repose sur une base de pierre, montre encore de belles incrustations de céramiques et quelques décorations en stalactites.

Bordj-e Modavar

Située à quelques mètres de Gonbad-e Kâbud, cette tour cylindrique est une merveille de raffinement et de simplicité architecturale, témoignage de l'essor futur de l'art de la céramique en Iran.

Province de Busher

Peu fréquentées par les touristes, car très éloignées des destinations touristiques classiques, les ville et province de Busher valent néanmoins qu'on s'y attarde pour la beauté du golfe Persique.

Le long des eaux couleur de jade de ce dernier, vous aurez le plaisir d'explorer les villages de pêcheurs où l'on construit encore les traditionnels bateaux de pêche en bois. Très aride, la région présente des reliefs étonnants et de petites oasis où il fait bon prendre le thé en dégustant quelques dattes fraîches.

Busher

Aujourd'hui paisible et quelque peu sur le déclin, Bandar-e Busher était au début du XXe siècle le premier port persan situé sur le golfe Persique. Arrivaient là, principalement depuis l'Inde et la Chine, de nombreuses marchandises destinées au marché intérieur. Les Anglais installèrent une délégation à Busher dès 1763, à peine trente ans après que Nâder Shah Afshâr, l'empereur de l'époque, ait décidé de transformer ce village de pêcheurs en port national.

La vieille ville possède encore de nombreuses maisons anciennes, dont certaines commencent à être restaurées par le ministère de la Culture et peuvent être visitées.

Office de tourisme
Bolevârd-e Imâm, Koutche-ye Shahid Hemayati
Tél. : (0771) 307 91. Fax : (0771) 307 85

Province du Fârs

Province historique chère au cœur des Iraniens, et qui donna son nom de Perse au pays, le Fârs est réputé pour les nombreux nomades qui sillonnent ses pistes et tissent ses tapis, pour ses monuments anciens datant des premières dynasties persanes et sa capitale Shirâz, promue capitale du pays au XVIIIe siècle par l'empereur Karim Khân-e Zand.

Shirâz

Fameuse pour ses roses, ses tapis et ses poètes, Shirâz est la deuxième destination touristique en Iran après Ispahan. La ville chère au poète Hâfez regorge de trésors historiques, tout en bénéficiant d'une population plus amène et plus hospitalière que sa rivale historique.

Office du tourisme
Khiâbân-e Seyed Djamal od-Din Assad Abâdi,
Tchahâr Râh-e Morel
Tél. : (071) 335 05. Fax : (071) 334 080

Les jardins

Célèbre par ses roses, la ville l'est aussi par ses jardins dont les parfums embaument au printemps. Ils sont l'occasion d'une promenade ombragée ou d'une sieste. Les principaux jardins sont le Bâq-e Eram, le Bâq-e Khalili, le Bâq-e Golshân, et le Bâq-e Delgoshâh.

DE GAUCHE À DROITE :
Une des maisons de la vieille ville de Busher, face au golfe Persique. Afin de rendre les températures plus tolérables, les habitants pratiquaient de nombreuses ouvertures dans les façades et autour du patio central.

Cour de la petite « mosquée rose », à Shirâz.

La maison de l'orangerie, entourée d'un magnifique jardin, est tout à fait représentative du style qâdjâr du XIXe siècle.

CI-DESSOUS :
Patio richement ornementé d'une maison qâdjâr.

De gauche à droite :
Site de Persépolis, section des appartements privés des empereurs achéménides.

Entrée de l'un des plus impressionnants hypogées du site de Naqsh-e Rostam.

Bas-relief représentant l'empereur Shâpur, victorieux du romain Valérien.

Ci-dessous :
Scène de marché dans la région du Gilân.

Hâfezieh

Le mausolée de Hâfez, reconstruit dans les années quarante, ne présente pas un grand intérêt architectural mais vaut cependant une visite pour apprécier toute la ferveur dont bénéficie encore le maître de la poésie classique persane. Une maison de thé traditionnelle, située dans l'enceinte du jardin, permet de lire paisiblement quelques-uns des vers célèbres de son *divân*.

Sa'dieh

Ayant lui aussi pâti de reconstructions récentes, le mausolée de Sa'adi se situe dans un grand parc au nord-est de la ville, et reçoit aussi de nombreux pèlerins venus se recueillir sur la tombe de ce poète de l'amour divin.

Le grand bazar

Avec ses hautes allées couvertes, le vieux bazar de Shirâz, construit par Karim Khân, est parmi les plus beaux du pays. Un nombre important d'antiquaires se sont regroupés dans une section appelée bazar Vakil, particulièrement préservée et charmante.

La mosquée Vakil

Achevée en 1773, cette mosquée possède la particularité de n'être dotée que de deux *ivâns* contre quatre habituellement. Elle possède aussi un impressionnant hall de prière d'hiver, soutenu par quarante-huit colonnes torsadées aux chapiteaux ornés de feuilles d'acanthe.

La mosquée Attiq, appelée aussi mosquée du Vendredi

C'est la plus vieille et la plus intéressante des mosquées de Shirâz. Sa construction commença en 894 de notre ère et son plan fut inspiré de la Ka'aba de La Mecque. Elle se distingue notamment des autres mosquées par ses magnifiques calligraphies en relief sur les pierres de ses murs extérieurs.

La Masjed-e Now

Datant du XIIIe siècle, cette immense mosquée possède de larges cours ombragées aussi agréables en été qu'en hiver.

Le sanctuaire de Shâh Tcherâq

Empreint d'une atmosphère toute religieuse, ce sanctuaire d'une grande simplicité abrite la dépouille de Seyed Amir Ahmad, le frère de l'imam Rezâ, qui visita Shirâz dans la deuxième moitié du VIIIe siècle et y mourut. La tombe, les magnifiques portes en argent et le délicat travail de marqueterie de miroirs datent du XIXe siècle, alors que le reste du bâtiment est plus ancien.

Persépolis

Situées à 60 km de Shirâz, les magnifiques ruines de Persépolis valent qu'on s'y attarde au moins une journée. Les environs étant assez déserts, il est préférable de se munir de quelques provisions si l'on veut passer une journée sur place. Le site se compose d'un ensemble de terrasses reliées par des escaliers monumentaux, dont celui, très célèbre, de l'Apadana où l'on peut admirer les représentants de tous les peuples, assujettis au grand Darius, se succéder pour déposer leur tribut. Un musée exposant les objets précieux trouvés sur les lieux a été aménagé à proximité de l'ancienne salle des trésors, et permet de se faire une idée plus précise du faste de l'époque achéménide.

Naqsh-e Rostam

Distant de moins d'une vingtaine de kilomètres de Persépolis, ce site regroupe un ensemble imposant d'hypogées achéménides et sassanides sculptés dans les parois abruptes des montagnes. À quelques mètres des hypogées se trouvent deux autels du feu zoroastriens surplombant la plaine.

Bishâhpuhr

Accessible par la route qui mène de Shirâz à Busher, ce site vous permettra d'admirer, le long d'un torrent ombragé, les bas-reliefs marquant la défaite de l'empereur Valérien et les traces des anciennes fondations de la ville et de ses fortifications. Si votre forme physique le permet, vous pourrez aussi escalader la pente qui mène à la grotte où la statue colossale du roi Shâpur, le deuxième roi de la dynastie sassanide, veille sur les montagnes silencieuses depuis 1 700 ans.

Province du Gilân

Situé le long de la mer Caspienne, le Gilân est une province montagneuse riche et fertile dont les paysages vallonnés et verdoyants contrastent avec le reste de l'Iran. Ce sont la campagne et les villages qui font le charme de la région et sont autant d'occasions d'excursions, en voiture ou à pied.

Rasht

Capitale de la région, la ville fut en grande partie détruite par les bolcheviques en 1920, et possède peu de monuments. Vous pourrez néanmoins profiter de son important bazar de fruits et de légumes, qui fournit à l'ensemble du pays une bonne partie de son alimentation, et y déguster quelques spécialités locales en flânant dans les allées découvertes.

Office du tourisme
Khiâbân Sa'adi
Tél. : (0231) 251 76. Fax : (0231) 241 46

Mâssouleh

Situé dans les montagnes, à une soixantaine de kilomètres au sud-ouest de Rasht, ce magnifique village traditionnel aux maisons en terrasses est devenu célèbre depuis le film *Où est la maison de mon ami ?*, du cinéaste Abbâs Kiarostami, qui reçut la palme d'or du festival de Cannes en 1998.

Bandar

Port d'embarquement de nombreux voyageurs repartant vers la Russie et l'Occident, comme Pierre Loti ou Annemarie Schwarzenbach, la petite ville est devenue un lieu de villégiature très prisé des Téhéranais en été. Elle possède un charmant bazar découvert et de nombreux restaurants de poissons, à déguster grillés avec de l'ail confit dans le vinaigre.

Lâhidjân

Capitale du thé, la ville est cernée par des collines couvertes de théiers et entourées de rizières. Un paysage enchanteur qui dissimule quelques surprises architecturales tel le splendide mausolée du Sheikh Zâhed dont l'étonnant toit à facettes possède de magnifiques céramiques.

Ispahan

Ville de rêve et d'histoire, Ispahan demeure le joyau de la Perse. Nulle autre ville en Iran ne possède autant de monuments et n'a atteint un aussi grand prestige que l'ancienne capitale des Safavides. Ne pouvant reprendre la liste exhaustive des trésors de la ville, nous nous contentons de citer les bâtiments les plus célèbres, vous laissant le plaisir d'en découvrir les nombreuses autres merveilles.

Office du tourisme
Khiâbân Abuzar, Koutche-ye Arshâd
Tél. : (031) 629 100. Fax : (031) 629 099

Naqsh-e Djahân

Centre historique de la ville, la fameuse place Naqsh-e Djahân fut construite en 1612, sous les ordres de Shâh Abbâs. Elle abrite sous ses arcades les échoppes et les ruelles du bazar, mais aussi plusieurs monuments importants. Sa superficie de 80 000 mètres carrés permettait, à l'origine, aux nobles Persans de pratiquer le polo, un sport inventé par les Iraniens, et qui trouva par la suite son développement en Inde. Les paires de colonnes en marbre blanc, situées à chacune des extrémités de la place, ne sont autres que les anciens buts.

Le palais d'Âli Qâpu

Conçu comme un belvédère d'où l'empereur pouvait à la fois contempler la place et les magnifiques jardins, alors situés derrière celle-ci, ce palais possède de très belles colonnes élancées qui lui confèrent une grâce incomparable. Le sixième étage du bâtiment est célèbre pour les niches en forme d'instruments et d'ustensiles creusées dans ses murs et ses plafonds voûtés.

La mosquée de l'Imam, auparavant mosquée du Shâh

Frappant d'emblée par son somptueux portail, cette mosquée, achevée en 1638, constitue sans doute l'un des sommets de l'architecture islamique par la richesse de son ornementation, sa taille et ses innovations techniques.

DE GAUCHE À DROITE : Détail de la coupole de l'église de Vank, dans le quartier arménien de Djolfâ, à Ispahan, où les anges d'inspiration byzantine côtoient des motifs floraux persans.

Piètement des colonnes du Palais de Tchehel Sotun à Ispahan.

Détail du magnifique travail de stuc du *mirhab* de la mosquée du Vendredi à Ispahan.

CI-DESSOUS : Palais belvédère d'Âli Qâpu, sur la place Naqsh-e Djahân.

De gauche à droite :
Pol-e Khâdjou, l'un des ponts construits par le Shâh Abbâs au XVIIe siècle pour enjamber le fleuve Zâyandeh à Ispahan.

Vue d'ensemble de la somptueuse place Naqsh-e Djahân. à Ispahan.

Détail des fresques ornant certains plafonds du bazar de Kermân.

Ci-dessous :
Mosquée de Sheikh Lotfollah, construite par le Shâh Abbâs pour sa prière personnelle. Ispahan.

Sa coupole est dotée d'un ingénieux système sonore : un espace vide laissé entre ses faces externes et internes assure une acoustique parfaite pour le prêche des mollahs.

La mosquée de Sheikh Lotfollah

Plus petite en taille que la mosquée de l'Imam, celle de Sheikh Lotfollah contient d'incomparables mosaïques comptant parmi les plus belles d'Iran. Les fondations massives qui soutiennent son dôme sont contrebalancées par l'apport de lumière naturelle qui filtre de ses hautes ouvertures, et par la finesse de sa décoration.

Le bazar

Entièrement couvert et dissimulé sous les ogives qui bordent la place, le bazar est sans conteste le plus beau d'Iran et l'un des plus grands du Moyen-Orient avec ses cinq kilomètres de ruelles bordées d'échoppes. La plupart des corps de métier de l'artisanat traditionnel persan sont ici encore représentés, avec notamment les tisserands, les marteleurs, les imprimeurs de tissus à la planche et les émailleurs.

Tchehel Sotoun (Palais des Quarante Colonnes)

Tchehel Sotoun est situé à quelques centaines de mètres de la place principale, le long de l'avenue Tchahâr Bâq.

Ce palais aux colonnes de bois élancées qui s'inspirent de l'architecture achéménide possède une remarquable collection de fresques et un hall d'entrée entièrement réalisé en marqueterie de verre. Au XVIIe siècle, il faisait partie d'un ensemble de palais beaucoup plus important, et servait aux réceptions royales.

Hasht Behesht (Palais des Huit Paradis)

Comptant parmi les derniers vestiges de l'ensemble de palais qui bordaient l'allée de Tchahâr Bâq et furent détruits par les Afghans lorsqu'ils envahirent la ville, ce petit bâtiment octogonal permet de se faire une idée du raffinement de la vie de cour au XVIIIe siècle. Le bâtiment possède de splendides mosaïques chargées d'animaux, des dalles de marbre et des voûtes décorées de stalactites.

École de la Mère du Shâh

Construite au début du XVIIIe siècle par la mère du dernier empereur safavide, le sultan Hossein, cette école théologique, toujours en activité, possède un luxe de céramiques rare pour ce type de bâtiment. Une particularité qui est peut-être en partie due au mode de financement original qui lui permit de voir le jour. La mère du Shâh eut en effet l'idée d'adjoindre à l'école un caravansérail, aujourd'hui le splendide hôtel Abbâsi, dont les revenus devaient permettre la construction et l'entretien de l'école.

Le Pol-e Khâdjou

Ce pont de 132 mètres, doté d'une double rangée d'arches en ogive, possède deux niveaux de terrasses qui surplombent le fleuve Zâyandeh, des céramiques recouvrant une partie des arches et de petits pavillons centraux magnifiquement ornementés. Le Pol-e Khadjou a en outre été conçu afin de servir de retenue d'eau en créant un lac artificiel devant les jardins des palais princiers. Ce système de régulation est encore utilisé aujourd'hui.

Le Si o seh Pol

Les trente-trois arches de ce magnifique pont enjambent le Zâyandeh sur 300 mètres de long, pour relier le centre de la ville aux quartiers arméniens situés sur l'autre rive.

Djolfâ

Dans ce quartier paisible vit la communauté arménienne d'Ispahan, dont les artisans s'implantèrent sous le règne de Shâh Abbâs. Appréciant particulièrement leurs talents, celui-ci leur permit d'acquérir un statut particulier et d'ériger des églises qui, dissimulées derrière de hauts murs, renferment de magnifiques décorations où s'enchevêtrent les motifs d'influence byzantine et islamique.

La Masdjed-e Djomeh (Mosquée du Vendredi)

Sans doute l'une des plus anciennes et la plus impressionnante mosquée d'Iran, la Masdjed-e Djomeh fut construite en grande partie entre les XIe et XIIe siècles mais connut quelques ajouts postérieurs. Elle recèle de nombreuses merveilles comme sa gigantesque cour de marbre de 65 mètres

sur 76 mètres ; ou son incroyable salle timouride, éclairée par des ouvertures recouvertes de plaques d'albâtre, et dont les plafonds voûtés, très bas, évoquent l'intérieur des tentes nomades ; ou encore son *mihrab* de stuc dentelé de calligraphies enchevêtrées et dédié à l'empereur Oldjaïtu.

Kermân

Capitale de l'une des plus grandes provinces d'Iran, Kermân est située en marge du terrible désert du Lut. Ville de province paisible, elle s'est fait une spécialité des cultures de pistaches et de cumin, dont les effluves embaument les magnifiques allées ouvertes du vieux bazar.

Office de tourisme
Tchahâr Râh Somâyeh
Tél. : (0341) 267 796. Fax : (0341) 225 098

Le bazar Vakil

Ce joli bazar de brique aux parfums épicés date en partie du XVIIe siècle et s'ouvre au milieu de son allée centrale sur une petite place desservant les bains et l'école théologique d'Ebrahim Khân.

La mosquée du Vendredi

Bâtie au XIVe siècle, cette mosquée possède de somptueuses mosaïques dont les dégradés de bleu produisent une impression de léger mouvement.

Le Gonbad-e Djabalieh

Cette étonnante structure de pierre située à la périphérie de la ville remonterait au IIe siècle avant Jésus-Christ et aurait sans doute été, à l'origine, un temple zoroastrien.

Les bains de Ganj-e Ali Khân et ceux de Ebrahim Khân

Les premiers, qui possèdent un ravissant décor de céramiques en très bon état de conservation, sont désormais transformés en musée. Les seconds, moins connus, sont encore en service et leurs murs sont recouverts de fresques très délicates aux motifs étonnants.

Mâhân

Situé à une trentaine de kilomètres au sud de Kermân, ce havre de paix abrite le sanctuaire du *soufi* Nematollah. Le Bâq-e Târikhi, un jardin situé à l'extérieur de l'agglomération, offre aussi, avec ses cascades d'eau et ses pavillons qâdjârs, une halte délicieuse où se reposer et se restaurer.

Bam

Implantée à 150 km en direction du Baluchistân, qui borde la frontière pakistanaise, la cité de Bam est entièrement construite avec du pisé tiré de l'argile rouge du Dasht-e Kavir. La ville, encore habitée il y a un siècle et demi, fut fondée il y a près de 2 000 ans. Son matériau de construction, très simple, permit à ses habitants de la restaurer au fur et à mesure sans qu'elle ne connaisse de modification de style. L'actuelle ville de Bam, construite à quelques kilomètres du site historique, ne possède aucun monument, mais vous permettra d'acheter les excellentes dattes qui font la renommée de la région.

Mashad

Capitale du Khorassân, région aride et dénudée, aux paysages montagneux monotones, qui abrite une partie des fameux déserts de Kavir et du Lut, Mashad est la seconde ville d'Iran par la taille et la première en matière de pèlerinages. La présence du sanctuaire de l'imam Rezâ fait converger vers ses murs de nombreux pèlerins venus des pays voisins.

Office de tourisme
Khiâbân Enqelâb-e Eslâmi, Koutche-ye Ershâd
Tél. : (051) 481 11. Fax : (051) 482 88

Le sanctuaire de l'imam Rezâ

Situé dans un périmètre délimité en plein centre de la ville, ce lieu saint mérite qu'on accepte les contraintes administratives imposées aux non-musulmans pour y pénétrer. Les différents bâtiments, enchevêtrés les uns dans les autres, qui communiquent par un système complexe de couloirs, recèlent des merveilles de céramiques

DE GAUCHE À DROITE :
Vue intérieure de la coupole stuquée des bains de Gandj-e Ali Khân à Kermân.

Vue d'ensemble de l'ancienne ville de Bam depuis la citadelle.

Pèlerins sortant de la cour principale du sanctuaire de l'imam Rezâ, à Mashad.

CI-DESSOUS :
Pèlerins se recueillant devant la tombe de l'imam Rezâ, à Mashad.

De gauche à droite : Ruines du temple parthe de Kangâvar, face aux splendides montagnes du Kurdistan.

Un impressionnant cimetière et sanctuaire niché dans les hautes vallées du Mâzandarân, au-dessus de Behshar.

Scène de marché dans la petite ville de Gorgân.

Ci-dessous : Détail de l'intérieur du Tekkieh Muharram de Kermânshâh, aujourd'hui transformé en musée de la ville.

et d'ornementations, et raviront les passionnés d'architecture. Les autres pourront profiter des nombreux tapis étendus sur les dalles de marbre immaculées afin de prendre la mesure du temps qui passe et méditer.

La mosquée Verte

Comptant parmi les rares monuments de la ville à l'extérieur du sanctuaire, cette mosquée construite au XVIIe siècle sous les ordres de Shâh Abbâs le Grand possède une ravissante coupole verte.

Le mausolée de Khâdjeh Rabi'

Originellement construit au milieu d'un splendide parc, ce petit mausolée semble aujourd'hui perdu dans la grande cour qui l'entoure. Le calme qui baigne ce lieu de pèlerinage en fait un endroit retiré pour échapper au fourmillement des pèlerins venus se recueillir sur la tombe de l'imam Rezâ.

Provinces du Kurdistan

Réputées farouches et sauvages, les populations kurdes qui peuplent ces provinces ont gardé une identité culturelle très forte et très riche qu'il est intéressant de découvrir.

Kermânshâh

Petite bourgade paisible, la ville possède peu de monuments mais un artisanat très spécifique et recherché, celui des *givehs*, des chaussures traditionnelles en coton tressé, très résistantes.

Office du tourisme
Bolvârd-e Shâhid Beheshti
Tél. : (0831) 537 74. Fax : (0831) 575 88

Le Tekkieh Muharram

Ce bâtiment, destiné aux cérémonies se déroulant pour la commémoration de la mort de l'imam Hossein, recèle une quantité impressionnante de céramiques figuratives qui représentent des personnalités importantes des XIXe et XXe siècles. Certains portraits ont été réalisés, compte tenu de leur facture, d'après photographie.

Tâq-e Bostân

Situé dans un jardin en bordure de la ville, ce site sassanide abrite une série de bas-reliefs majestueux reprenant des scènes de chasse et de couronnement.

Bisotun

Distants d'une trentaine de kilomètres de la ville, ces bas-reliefs achéménides contiennent certains des textes historiques les plus importants de l'Iran ancien. Il est conseillé de faire la visite le matin si l'on veut bénéficier d'un peu de lumière du soleil.

Kangâvar

À mi-chemin entre Kermânshâh et Hamadân, cette petite ville possède les ruines d'un temple dédié à la déesse parthe Anahitâ, tout à fait dans l'esprit de mélange des styles persan et grec de cette dynastie qui régna sur le pays entre 300 avant J.-C. et 200 après J.-C.

Hamadân

Tirant sa réputation de la présence en ses murs du philosophe Avicenne, Hamadân s'enorgueillit aussi d'être construite sur les fondations de l'ancienne Ecbatane, dont certaines parties sont peu à peu exhumées en bordure de l'actuelle agglomération.

Office du tourisme
Bolvârd-e Khâdjeh Rabi
Tél. (081) 322 77. Fax : (081) 393 75

Le Gonbad-e Alaviân

Ce magnifique mausolée carré, décrit avec ferveur par Robert Byron, est malheureusement situé aujourd'hui dans la cour d'une école de filles. Le maître est malgré tout conciliant et vous laissera rentrer pour peu que vous ne troubliez pas trop les récréations.

Environs de Hamadân

Autour de Hamadân, de nombreuses excursions sont possibles, notamment dans les vallées d'Abbâs Âbâd et Morâd Beg. Si vous bénéficiez de suffisamment de temps, vous pouvez aussi rejoindre la ville plus traditionnelle de

Sanandadj, et y assister à certaines périodes de l'année aux étonnantes réunions de derviches venus de tout le pays. Mais plus que les villes, ce sont les campagnes, les paysages de hautes montagnes et les habitants, qui font tout l'intérêt du Kurdistan. Une découverte qui demande du temps et un bon véhicule, et peut presque constituer un voyage à part entière.

Province du Mâzandarân

Voisine du Gilân, la province du Mâzandarân borde elle aussi la mer Caspienne. Plus étendue, elle est aussi plus sauvage et la forêt mérite ici plus que jamais son nom persan de *djengal*, la jungle.

Sâri

La capitale du Mâzandarân, autrefois réputée pour ses soies, a perdu de sa superbe. À l'exception de quelques petits mausolées, comme celui du sultan Zain ol-Abedin, elle ne vaut guère qu'on s'y attarde.

Office du tourisme
Khiâbân Imâm Khomeyni
Tél. : (0151) 220 27. Fax : (0151) 243 84

Behshâhr

Située à l'est de Sâri, cette petite ville est bordée du côté du littoral par des rizières et de l'autre par des montagnes recouvertes de hautes forêts. Les petites routes qui s'enfoncent dans les vallées sont un véritable enchantement pour les amateurs de nature.

Gorgân

Ville étape sur la route du Turkménistan, Gorgân possède encore quelques remarquables maisons anciennes dans le traditionnel style mâzandarâni, en bois tourné et pisé. Certaines soupentes sont ornées de magnifiques calligraphies destinées à éloigner les mauvais esprits.

La tour de Gonbad-e Kâvus

Construite au XIe siècle pour abriter la dépouille d'un empereur, cet étonnant cylindre de briques couleur crème frappe par sa modernité et la perfection de ses lignes. La ville qui l'entoure et porte son nom est la dernière étape importante avant la steppe qui s'ouvre vers l'Asie centrale. En vous aventurant hors des sentiers battus, vous pourrez y faire la rencontre des nomades turkmènes réputés pour leurs bijoux et leurs chevaux.

Amol et Bâbol

Situées à l'ouest de Sâri, ces deux petites villes coulent des jours paisibles. Leurs bazars et marchés regorgent de produits locaux délicieux. Quelques mausolées dissimulés dans leurs petites rues valent aussi une visite.

Râmsar

La ville se flatte de posséder le plus ancien hôtel d'Iran, l'hôtel Qadim. Construit dans les années quarante, sous les Pahlavi, dans un style très « riviera », il offre une halte splendide avec une vue imprenable sur la mer Caspienne. Des sources thermales sont également accessibles à proximité de l'hôtel.

Province du Semnân

Cette province annonce déjà les étendues arides du Khorassân voisin et le silence du désert proche.

Semnân

Située sur la route qui mène à Mashad, la capitale de la province possède quelques bâtiments qui méritent une halte si l'on effectue le trajet en voiture vers la ville sainte, mais ne valent pas un déplacement depuis Téhéran.

La mosquée du Vendredi

Bâtiment le plus important de la ville, cette mosquée construite au XIIe siècle possède une très belle frise coufique sur sa façade extérieure, ainsi qu'un beau *mihrab* de stuc ciselé datant, lui, du XVe siècle.

La mosquée du Sultan

Construite au XIXe siècle sous le règne de Fâteh Ali Shâh, cette mosquée est tout à fait représentative du style délicat et gracieux de la dynastie Qâdjâr.

DE GAUCHE À DROITE :
Berger turkmène devant sa hutte traditionnelle aux environs de Kâvus.

Le fastueux hôtel Qadim à Râmsar, face à la mer Caspienne.

Les arches colossales de la Târikkhâneh à Dâmqân.

CI-DESSOUS :
Mausolée de Bâyazid-e Bastâmi dans le village de Bastâm.

DE GAUCHE À DROITE : Tour de brique à redans du sanctuaire de Bâyazid-e Bastâmi dans le village de Bastâm.

Une des allées du bazar de Téhéran, toujours très animé le matin.

Dôme de la mosquée de Vaqt o Sâhat, aussi appelée sanctuaire de Seyed Rokhn od-Din.

CI-DESSOUS : Vue générale de Téhéran.

Office du tourisme
Meidân Sa'di, Bolevârd-e Hivdahom Sharivar
Tél. : (02231) 222 51. Fax : (02231) 288 69

Dâmqân

Ville importante sous Alexandre le Grand, capitale sous les Parthes, Dâmqân fut malheureusement saccagée par les Mongols au XIIIe siècle, puis par les Afghans au XVIIIe siècle. Malgré ces avatars, elle possède plusieurs bâtiments magnifiques.

La Târikkhâneh

Construite sur les restes d'un temple zoroastrien, cette mosquée datant du VIIIe siècle est le plus ancien bâtiment islamique d'Iran. Ses colonnes massives et ses voûtes basses trahissent des influences sassanides marquées alors que son minaret relève clairement du style seljukide.

Le Pir-e Alamdâr

Ce petit mausolée de brique, circulaire, date du début du XIe siècle. Une magnifique frise coufique, d'un bleu éclatant, court à l'intérieur du bâtiment.

Le Tchehel Dokhtaran (Les Quarante Filles)

Coiffé d'une coupole en forme d'oignon, ce mausolée seljukide est doté de très belles décorations de brique. Il tient son nom d'une croyance populaire qui veut que le nombre quarante porte chance.

Bastâm

Ce village, à proximité de la ville de Shâhroud, possède une magnifique mosquée seljukide ainsi qu'un large sanctuaire composé de plusieurs bâtiments à toit conique recouverts de faïences d'un bleu somptueux.

Téhéran

Décevante pour la plupart des touristes, car énorme, moderne et polluée, la capitale iranienne demande à être apprivoisée pour livrer ses charmes. Bien que la politique moderniste des Pahlavi et la spéculation immobilière grandissante aient eu raison de bon nombre de maisons anciennes et de la quasi-totalité des magnifiques portes recouvertes de céramiques que comptait autrefois la ville, il reste encore de nombreux bâtiments dignes d'être visités. La ville possède en outre un nombre important de musées et de vastes parcs où ses habitants se rendent nombreux pendant les chaudes soirées d'été. Nous ne citons ici que quelques-uns des principaux centres d'intérêt de la capitale et recommandons de vous reporter à des guides plus spécialisés pour une liste exhaustive des visites possibles.

La mosquée de l'Imam

Datant du XIXe siècle et située dans le grand bazar, cette mosquée, où se retrouvent de nombreux marchands, est dotée de jolies céramiques *haft rangi* (sept couleurs) dont les variétés de teintes comptent parmi les plus recherchées.

Le grand bazar

Même s'il n'est pas le plus beau d'Iran, il est sans doute le plus grand et le secteur des tapis est le plus important du pays. Couvrant plus d'un kilomètre carré au sud de la ville, il mérite que lui soit consacrée une bonne demi-journée, de préférence le matin, une partie des échoppes fermant après le déjeuner.

Le palais du Golestân

Situé au milieu d'un ensemble de palais, ce bâtiment, achevé par Fâteh Ali Shâh, connut les couronnements des dernières dynasties d'empereurs persans. Il offre un curieux mélange de styles, en partie dû au goût très prononcé de Nâsr od-Din Shâh pour l'Europe.

Les palais Pahlavi de Sa'ad Âbâd

Surplombant toute la ville, les palais des Pahlavi sont noyés dans la fraîcheur de leurs immenses jardins. Ils offrent un aperçu étonnant de la vie d'une cour obsédée par la modernité.

Le musée archéologique

Les pièces de ce musée sont autant de repères dans l'histoire générale du pays et méritent une visite approfondie si l'on veut s'imprégner du mode de vie

des périodes achéménides et sassanides. Sculptures, bas-reliefs, briques émaillées et céramiques, rivalisent de beauté dans une atmosphère sereine baignée par la lumière naturelle qui rentre par les larges baies vitrées de ce bâtiment des années trente.

Le musée du tapis

Ouvert en 1977, le musée possède une collection prestigieuse, avec quelques pièces rares datant des XVe et XVIe siècles. Possédant la majorité des types de tapis persan, il permet au néophyte de se faire une idée de la richesse de cette production.

Le musée Âbgineh

Détenant une magnifique collection de céramiques et de verreries anciennes, datées entre 2000 av. J.-C. et le XIIIe siècle, le musée est en lui-même un petit bijou. Le bâtiment, construit au début du siècle par un particulier, a récemment été restauré avec beaucoup de goût et se situe au milieu d'un parc ombragé des plus agréables.

Le musée des Beaux-Arts

Situé dans le complexe de Sa'ad Âbâd, ce musée renferme une splendide collection de peintures sur toile des XVIIIe et XIXe siècles, dans le plus pur style qâdjâr, où les influences occidentales affrontent l'univers fleuri et ornementé des miniatures.

Darakeh

Situé à flanc de montagne, cet ancien village rattrapé par la capitale, a conservé un charme indicible. Ici, les larges avenues de la métropole cèdent brusquement la place à de petits sentiers muletiers qui serpentent le long des torrents. Un paradis fréquenté par beaucoup de Téhéranais, adeptes des excursions en montagne. N'hésitez pas à vous restaurer dans l'un des nombreux restaurants de grillades, en bordure du torrent.

Office du tourisme
Khiâbân Vali Asr,
entre les avenues Motahari et Dr. Beheshti
Tél./Fax : (021) 871 31 90

Yazd

Yazd est une ville de désert que l'on peinerait presque à distinguer s'il ne surgissait de ses toits plats une forêt de *bâdguirs*, ces cheminées d'aération – ancêtres de la climatisation – sans lesquelles les populations n'auraient pu depuis des siècles supporter les terribles chaleurs de l'été. Considérée comme la plus belle ville d'Iran après Ispahan, Yazd possède, avec ses ruelles resserrées, un charme rare et mystérieux.

Office du tourisme
Meidân Âzâdi,
Khiâbân-e Ayatollah Tâleqâni
Tél. : (0351) 471 11. Fax : (0351) 471 15

Masdjed-e Djam'eh

Datant du XIVe siècle, ce bâtiment se distingue par son impressionnant portail recouvert de céramiques d'un bleu profond, flanqué de deux hauts minarets.

Le tombeau des Douze Imams

Ce petit mausolée du XIIe siècle relativement bien conservé possède une intéressante frise coufique qui se déroule sur trois niveaux circulaires, en reprenant le nom des douze imams de l'Islam chi'ite.

Le grand Âtashkadeh

Doté de la plus forte communauté zoroastrienne du pays, Yazd est, avec la ville de Bombay en Inde, l'un des derniers bastions du prophète Zoroastre, dont Nietzsche fit le héros de son livre. Dans le grand *âtashkadeh*, le temple du feu de la ville, accessible au public, brûle un feu éternel qui ne s'est jamais éteint depuis près de 3 000 ans. C'est l'occasion de faire un peu plus connaissance avec la plus ancienne des religions monothéistes du monde.

Les tours du Silence

Situées à l'extérieur de la ville, ces tours, à ciel ouvert, recevaient auparavant les dépouilles des zoroastriens qui étaient ensuite déchiquetées par les vautours. Ces tours ne servent plus à présent, et peuvent être visitées à condition d'en respecter le caractère sacré.

DE GAUCHE À DROITE :
Vue intérieure des bâtiments zoroastriens destinés à recevoir les offrandes faites aux morts. Yazd.

L'une des célèbres tours de Silence où les zoroastriens déposaient leurs morts en attendant que ceux-ci soient déchiquetés par les vautours. Yazd.

Détail de porte dans un jardin aux environs de Yazd.

CI-DESSOUS :
Intérieur d'un gymnase traditionnel, *zour khâneh*, maison de force, où les membres s'exercent à manier de lourdes quilles de bois, lors d'exercices ancestraux hérités des chevaliers persans.

Index

Index des citations

Chapitre I : Pierre Loti

Aubry, F. Raoul, « Indiscrétions littéraires » in *Les Annales*, 12 février 1899 : p. 11 (chapeau).

Barthes, Roland, Préface de *Aziadeh*, Paris, Calmann-Lévy, 1987 : p. 11 (1er §).

Dieulafoy, Jane, *L'Orient sous le voile, Du Caucase à Persépolis*, Phébus, Paris, 1990 : pp. 12 (dernière citation avant l'intertitre), 19.

Loti, Pierre, *Notes en Perse*, Paris, Bibliothèque nationale, n.a.f. 1881 : pp. 14, 15.

Loti, Pierre, *Vers Ispahan*, Société de Publication d'ouvrages classiques sur l'Iran, Téhéran, 1974 (d'après l'édition de Calmann-Lévy, 1925) : pp. 11 (3e §), 12, 14 (légende), 18, 19 (légende), 22, 23, 24, 25, 26, 27, 30, 31, 33, 36, 37, 39, 40, 41, 44, 46, 49, 52, 54, 55, 58, 59, 61.

Sykes, Major Percy Molesworth, *10 000 Miles in Persia or Eight Years in Iran*, Londres John Murray, 1902 : p. 12 (2e citation, 1ère colonne).

Chapitre II : Robert Byron

Byron, Robert, *La Route d'Oxiane*, Paris, Payot, 1993 : pp. 65 (chapeau et légende), 66 (intertitre et légende), 69, 70, 75, 76, 77, 80 (légende), 81, 82, 88, 89 (2e §), 93, 94, 96, 97, 98, 99, 100, 101, 102, 104, 105, 106.

Byron, Robert, *Letters Home*, Londres, John Murrray : pp. 70 (intertitre), 77-80, 94 (dernière citation, 1ère colonne), 106 (2e §, 2e colonne).

Shirâzi, Hâfez, *L'Amour, l'amant, l'aimé*, Sindbad/Unesco; Paris, 1989 : p. 86 (intertitre).

Sykes, Christopher Hugh, *Four Studies in Loyalty*, Londres, Collins, 1946 : pp. 65, 66, 69 (2e §), 89 (1ère citation), 96 (1ère colonne).

Sykes, Major Percy Molesworth, *10 000 Miles in Persia or Eight Years in Iran*, Londres, John Murray, 1902 : p. 86.

Chapitre III : Annemarie Schwarzenbach

Lettre d'Erika à Klaus Mann du 1.12.1934, Mann, E., 1988 : p. 136 (dernière citation).

Maillart, Ella, *La Voie cruelle*, Paris, Petite Bibliothèque Payot, 1988 : pp. 109, 121 (intertitre et dernière citation, 1ère colonne), 137 (intertitre), 147, 148.

Sackville-West, Vita, *Passenger to Teheran*, Hogarth Press, London, 1926, réédition Harper Perennial, New York, 1992 : p. 115 (2e §).

Schwarzenbach, Annemarie, *Brief an Klaus Mann*, vom. 4.7.1934, Fleischman, Hambourg, 1993 : p. 119 (1ère colonne).

Schwarzenbach, Annemarie, *La Mort en Perse*, Paris, Petite Bibliothèque Payot, 1997 : pp. 124 (légende), 134, 136, 138, 140, 141, 142, 143, 147 (légendes), 148 (1ère légende).

Schwarzenbach, Annemarie, *La Vallée heureuse*, Éditions de l'Aire, Lausanne, 1991 : pp. 137 (légende), 138 (légende), 140 (intertitre), 142 (intertitre), 147 (intertitre), 148 (2e légende), 151.

Schwarzenbach, Annemarie, *Winter in Vorderasien. Tagebuch einer Reise*, Vienne, 1934 : pp. 110, 112, 113, 114, 115, 119 (intertitre et 2e colonne), 120, 121, 124, 128, 133, 134 (1ère colonne, 2e §).

Bibliographie

Bakhtiâr Lâleh, *Sufi – Expressions of The Mystic Quest*, Thames & Hudson, London, 1976.

Barthes, Roland, Préface de *Aziyadé* de Pierre Loti, Calman Lévy, Paris, 1987.

Bouvier, Nicolas, *L'Usage du monde*, Payot, Paris, 1992.

Byron, Robert, *La Route d'Oxiane*, Payot, Paris, 1993.

Byron, Robert, *Letters Home*, John Murray, London.

Chardin, Jean, *Voyage de Paris à Ispahan*, Éditions la Découverte/Maspero, Paris, 1983.

Curzon, Lord, *Tales of Travel*, Hodder & Stoughton Limited, Londres, 1923.

Dieulafoy, Jane, *L'Orient sous le voile, De Chiraz à Bagdad*, Phébus, Paris, 1990.

Dieulafoy, Jane, *Une amazone en Orient, Du Caucase à Persépolis*, Phébus, Paris, 1990.

Digard, Jean-Pierre, Hourcade, Bernard et Richard, Yann, *L'Iran au XXe siècle*, Fayard, Paris, 1996.

Encyclopedia Iranica, édité par Ehsan Yarshater, Routledge & Kegan Paul, London & New York, 1987.

Faramarzi, *A Travel Guide to Iran*, Téhéran, 1997.

Gayet, Al, *L'Art Persan*, Société de Publication d'Ouvrages Classiques sur l'Iran, Téhéran, 1978.

Georgiadou, Areti, *Annemarie Schwarzenbach – Das Leben zerfetzt sich mir in tausend Stücke*, DTV, München, 1998.

Ghirschman, Roman, *Iran, Parthians & Sassanians*, Thames & Hudson, Londres, 1962.

Gobineau, Arthur, *Trois ans en Asie*, Grasset, Paris, 1923.

Griffith, M. Hume, *Behind the Veil in Persia and Turkish Arabia*, Seeley & Co. Ltd, Londres, 1909.

Hourcade, Bernard, Mazurek, Hubert, Papoli-Yazdi, Mohammad-Hosseyn et Tâleghâni, Mahmoud, *Atlas d'Iran*, La Documentation française, Paris, 1998.

Jackson, A.V.W., *Persia Past & Present*, The Macmillan Company, New York, 1906.

Loti, Pierre, *Notes en Perse*, Bibliothèque nationale, n.a.f. 1881.

Loti, Pierre, *Vers Ispahan*, Société de Publication d'Ouvrages Classiques sur l'Iran, Téhéran, 1974 (d'après l'édition de Calman Lévy de 1925).

Lyautey, Pierre, *Iran Secret*, Société de Publication d'Ouvrages Classiques sur l'Iran, Téhéran, 1978.

Maillart, Ella, *La Voie cruelle*, Petite Bibliothèque Payot, Paris, 1988.

Morier, James, *Les Aventures de Hadji Baba d'Ispahan*, Editions Victor Attinger, Paris, Neuchâtel, 1933.

Norden, Herman, *Sous le ciel de la Perse*, Payot, Paris, 1929.

Poper, Arthur Upham, *Iranian and Armenian Contributions to The Beginnings of Gothic Architecture*, The Delphic Press, New York.

Quella-Villéger, Alain, *Pierre Loti l'incompris*, Presses de la Renaissance, Paris, 1986.

Richard, Yann, *L'Islam chi'ite*, Fayard, Paris, 1991.

Sackville-West, Vita, *Passenger to Teheran*, Hogarth Press, London, 1926, réédition Harper Perennial, New York, 1992.

Schwarzenbach, Annemarie, *La Mort en Perse*, Payot, Paris 1997.

Schwarzenbach, Annemarie, *Orient Exils*, Autrement, Paris 1994.

Schwarzenbach, Annemarie, *La Vallée heureuse*, Editions de l'Aire, Lausanne, 1991.

Schwarzenbach, Annemarie, *Winter in Vorderasien – Tagebuch einer Reise*, Wien, 1934.

Sheil, Lady, *Glimpses of Life and Manners in Persia*, John Murray, London, 1856.

Shirâzi, Hâfez, *L'Amour, l'amant, l'aimé*, Sindbad, Paris, 1989.

Sykes, Christopher Hugh, *Four Studies in Loyalty*, Collins, London,1946.

Sykes, major Percy Molesworth, *10000 Miles in Persia or Eight Years in Iran*, John Murray, London 1902.

Remerciements tout particuliers à :

Madame Roza Montazami pour son accueil et sa générosité

Ali Matin, son alter ego Matinatomic, et son assistant Farhâd

Bahman Moradiân, Hildâ & Ouman Hakâk, Kâpten Rezâ Belak

Qâssem Hâshemi Nejâd, les familles Vafadari & Montazami, Marie Perrin

M. Bashiri de la compagnie Iran Air, pour son soutien

M. Shiravi du Ministère de la Ershâd

Ses Excellences les ambassadeurs de France et d'Italie,

pour leurs autorisations de photographier leurs résidences

M. Gastpar des Archives littéraires de Suisse à Bern, Carole Bonstein,

Nathalie de Saint-Phalle, Dominique Miermont

D. Lindy Grant de la Conway Library à Londres

Patrick et les laboratoires Mappemonde

Gaby Scaon et Jean-Pierre Mélot de la Maison Pierre Loti,

ainsi que Marc Potel qui a fait les tirages des photographies de Pierre Loti

et à tous les gens que nous avons pu croiser sur notre chemin

et qui nous ont aidés dans notre entreprise.

Iran Air

The Airline of the ISLAMIC REPUBLIC OF IRAN

Crédits photographiques

© AKG Paris : 7, 8, 153 ;

© Berne, Archives littéraires suisses : 109 hd, 110 hg, 118, 121 d, 132, 134 bg, 135, 138 bg, 140 bg, 143 g, 148 g, 148 d ;

© Droits réservés : in Al Gayel, *L'art persan*, 1978 : 30 bg ;

© Droits réservés/Cultural Research Bureau/Cultural Heritage Organization : 55 hd, 61 bd ;

© Hachette : 11 hd, 14 bd, 59, 60, 69 d, 97 hg, 110 bg ;

© Lenare, Londres, British Library : 65 hd ;

© Londres, Conway Library, Courtauld Institute of Art : 82 bg, 89 g, 93 hd, 93 bd, 97 hd ;

© Rochefort, Maison de Pierre Loti : 24 g, 36 bg, 40, 49 bd.

Responsable Éditoriale : Laurence Basset
Secrétariat d'édition : Camille de Cacqueray
Responsable Artistique : Nancy Dorking
Conception Graphique et Réalisation : Nancy Dorking
Traduction des citations allemandes : Stéphanie Algave.

Photogravure : Offset Publicité, à Maisons-Alfort
Imprimé et relié par Pollina S.A., 85400 Luçon – n° 78256
Dépôt légal : 7256 – octobre 1999
ISBN 2. 84277. 180. X
34/1342/4-01